Highway to Ataraxia
Weil das Leben nie ruhig genug ist

Für Therese und Anna,
für die sich der Kreis
schon wieder geschlossen hat

Florian W. Huber

# Highway to Ataraxia

Bibliografische Information der Deutschen Nationalbibliothek: Die Deutsche Nationalbibliothek verzeichnet diese Publikation in der Deutschen Nationalbibliografie; detaillierte bibliografische Daten sind im Internet über www.dnb.de abrufbar.

Impressum
2. Auflage 2017, Ersterscheinung 2014
Alle Rechte liegen beim Autor © 2017
Lektorat und Korrektorat: Mica Deinhardt
www.lektorat-deinhardt.de
Umschlag-Foto: F.W.H., Marokko
Herstellung und Verlag:
BOD – Books on Demand, Norderstedt
ISBN 978-3-7357-8802-3

# Inhalt

8samkeit *11*
Am Rand *18*
Odysseus' Heimkehr *20*
Singende Asche *26*
Kairos *38*
Dendrosophie *46*
Wunschgold *48*
Anamnesis *56*
Panta Rhei *61*
Am Ende ein Tor *63*
Spirit shares! *65*
Selbstfreundschaft, was ist das? *68*
Highway to Ataraxia *81*
Flussendlich *92*

Was ist Glück?
Suche den Ort, an dem
Einsicht und Aussicht eins sind
F.W.H.

Es ist schön, eine Ahnung zu haben. Ahnen heißt, nicht wissen und gerade darum macht es die Tore weit. Ahnung hieß – beim Schreiben dieses Buchs – einem Gespür nachzugehen, das sich seinen Weg so bestimmt zwischen Verstand und Gefühl hindurch gebahnt hat, dass es einfach nicht zu überhören war. Worte und Bilder, die im Gefolge solch eines Gespürs einhergehen, versucht man zu zähmen. Man bündelt sie und treibt sie zu Papier, um ihre Botschaft zu verstehen. Man nagelt sie fest, um mit ihnen reden und sie wieder und wieder befragen zu können, solange bis man eine ihrer möglichen Botschaften verstanden hat.

Geschichten, Gedanken und Meditationen dieser Natur sind in diesem Buch versammelt. Es sind Stege, Fragmente, freche Augenblicke, die nicht wissend sein wollen, sondern einfach nur so beharrlich an den Geist herangetreten sind, dass sie nicht anders zu zähmen waren, als sie niederzuschreiben. Sie verlangten nach Form, nach Leben. Spiegel wollten sie sein, Triebkraft und Elixier! Mögen Sie uns die weltliche Reise auf dem Highway to Ataraxia sinnlich verkürzen!

Florian W. Huber im Januar 2014,
als der Winter einen Frühling gebar

# 8samkeit

»Was ist denn das wichtigste Werkzeug einer Philosophin?«, wollte Laura wissen. Doch Sophia antwortete ihr nur mit einem Lächeln.

»Was ist?«, setzte Laura nach. »Ist das eine blöde Frage?«

»Nein. Im Gegenteil«, gab Sophia lächelnd zurück. Und Laura spürte, dass es von Herzen kam.

»Wie soll ich das verstehen?«

»Nun ja, es ist die Antwort.«

»Du meinst, eine Frage zu stellen ist das wichtigste Werkzeug einer Philosophin?«

Sophia nickte. »Vielleicht nicht unbedingt *irgendeine* Frage. Aber, so könnte man das in etwa sehen. Einige mögen vielleicht behaupten, dass die Sprache an sich das wichtigste Werkzeug einer Philosophin ist. Aber das setze ich einfach voraus. Sprechen tun wir ja fast alle. Aber *wie* wir sprechen, entscheidet möglicherweise darüber, wie wir die Welt sehen. Und eine Möglichkeit, die Welt aus einem anderen Blickwinkel zu sehen, ist eine Frage an das Leben zu stellen?«

»Ja, aber ich stelle keine Frage an das Leben, sondern ganz konkret an dich.«

»Gehöre ich denn nicht zu deinem Leben?«

»Doch, natürlich, ich meine ...«

»... es ist eben keine Selbstverständlichkeit.«

»Ja, so ist es. Dass wir beide uns hier unterhalten, ist vielleicht kein Zufall. Ich denke, es ist die Antwort darauf, womit wir in Beziehung treten, was wir in der Welt ansprechen.«

»Und was *uns* anspricht!«

»Genau!«

»Aber wie stellen wir fest, was uns anspricht? Gibt es dafür ein Kriterium? Ich meine, wie entscheidest du, auf welchen Menschen du zugehst und auf welchen nicht?«

»Hm. Darüber habe ich noch nie nachgedacht. Ich glaube, ich entscheide es aus dem Bauch heraus.«

»Du meinst, dein Stoffwechsel entscheidet, auf wen du zugehst?«

»Nein, so hab ich das nicht gemeint. Obwohl, bei manchen Begegnungen rumort es schon etwas kräftiger in meinem Bauch«, gab Laura feurig zurück.

»Ich weiß. Aber was ist dann das Bauchgefühl?

»Ist es nicht das, was wir als Intuition bezeichnen?«

»Möglicherweise.«

»Ich meine, Intuition heißt doch ›Anschauung‹, oder?«

»Ja, ›unmittelbare Anschauung‹ oder ›Betrachtung‹.

»Gut. Und was betrachten wir dabei?«

»Ich würde sagen das, was uns anweht. Ein Gefühl, eine Wahrnehmung, ein Gedanke, eben etwas, das stark genug ist, sich in unser Bewusstsein zu schieben.«

»Also eine zufällige Wahrnehmung?«

»Nun, ich glaube nicht, dass Wahrnehmung so ganz zufällig ist. Ich denke, es ist mehr eine Frage der Resonanz.«

»Und woher kommen die Gegenstände unserer Wahrnehmung? Ich meine, wem gehören all die Gedanken und Gefühle, die wir wahrnehmen?«

»Das ist eine schwierige Frage. Einige würden wohl sagen, dass es dort draußen einen Kosmos voller Ideen, Vorstellungen und Gedanken gibt, und wenn wir etwas wahrnehmen, dann deswegen, weil uns gerade etwas davon anweht.«

»Kannst du mir ein Beispiel geben?«

»Nimm das Einhorn. Wie kommt es denn zu einer Vorstellung von einem Tier, das es so in unserer Welt nicht gibt?«

»Das haben wir uns vermutlich einfach so ausgedacht. Oder vielleicht hat es dieses Tier einmal gegeben und es ist als Idee noch immer im Kosmos repräsentiert.«

»Das ist die Frage! Vielleicht hat es dieses Tier aber auch nie real gegeben und die Vorstellung davon ist eine Art Kollision im Reich der Ideen.«

»Du meinst, der Mensch hat es sich nicht ausgedacht, sondern es ist zufällig im Kosmos entstanden, weil dort die Vorstellung eines Horns und die eines Pferdes ineinander geraten sind?«

»Warum nicht?«

»Aber dann gäbe es ja alle möglichen Kombinationen!«

»Und wer sagt, dass es die nicht gibt? Vielleicht nehmen wir immer nur das wahr, was gerade in Resonanz mit uns ist. Dann wäre im Grunde alles vorstellbar, nur eben im Rahmen unseres Bewusstseins.«

»Ja, vielleicht. Manchmal kann ich mir eben auch etwas nicht genau vorstellen, ich meine, ich habe ein Gefühl, kann es aber nicht näher beschreiben und dann spreche ich mit jemandem, der es sich vorstellen kann, und wenn dieses Gefühl bei ihm stark genug ist, kann ich es auch empfinden.«

»Das ist Sympathie. Eure Gedanken und Gefühle spielen zusammen.«

»Dann leben wir in einem kreativen Kosmos.«

»Ganz bestimmt.«

»Aber was ist denn nun mit der Intuition? Gehört sie auch in die philosophische Werkzeugkiste?«

»Ich würde sagen, ja, aber eben nicht nur. Ich denke, das wirklich Philosophische an der Intuition ergibt sich erst im Wechselspiel mit dem Denken. Intuition und Reflexion sind Bewegungen ein und derselben Haltung.«

»Das musst du mir erklären!«

»Nun, ich stelle mir sie als Acht vor, die in meinem Körper von oben nach unten ihre Schleifen zieht und umgekehrt. Es ist ein ständiger Prozess, wenn ich bewusst in die Anschauung gehe. Ich nehme ein Gefühl wahr und versuche, es gleichzeitig einzuordnen, es von einer anderen Warte aus zu betrachten. Ich muss es nicht gleich bewerten, aber eben noch einmal von einer anderen Perspektive aus sehen. Wenn der Impuls sehr stark oder so anders ist als das, was ich kenne, müssen solche Gefühle schon einmal die Meerenge des Zweifels passieren, sie hängen dann gewissermaßen in der Warteschleife. Das klappt nicht immer, aber das Wechselspiel zwischen Intuition und Reflexion ist auch kein Zustand, sondern ein Prozess, der vermutlich so lange in uns webt, wie wir atmen.«

»Das nennt man dann wohl Intelligenz. Wir lernen aus Erfahrung und erfahren gleichzeitig, was Lernen ist.«

»Ja, das trifft es ganz gut. Intelligenz ist vielleicht zu einem Teil angeboren, aber die Intelligenz, die wir im Leben nutzen, ist die Konsequenz unserer Übung.«

»Du siehst mit dem dritten Auge!«, zwinkerte Laura ihr neckisch zu.

»Und vielleicht höre ich auch mit dem dritten Ohr«, neckte Sophia lächelnd zurück. »Jedenfalls sehe und höre ich mir selbst beim Denken zu und das ist gar nichts Mystisches, eher menschlich. Und: Die Acht spiegelt sich in jede Richtung. Ich kann einen Gedanken haben und beobachte, ob es ein Gefühl dazu gibt, nur um es gleich darauf wieder ins Visier meines Verstandes zurückzuspiegeln. Es ist eine Meditation, in der ich mich auf das konzentriere, was zwischen dem Gefühl und dem Verstand schwingt. Manche nennen es ›Gespür‹. Es ist weder reiner Verstand, noch reines Gefühl. Es liegt irgendwo dazwischen, ohne dabei einen Anspruch an Wahrheit zu stellen. Es ist mehr Wirklichkeit als Wahrheit, eben das, was *wirkt*.

»Du bist sehr *acht*-sam, wenn du das sagst«, bemerkte Laura.

»Ja, und ich sehe nichts Schlechtes daran. Ich übe und es übt ständig in mir. Immer wieder fordern mich neue Gefühle und Gedanken heraus. Auch jetzt, wenn ich mit dir spreche. Ich könnte so vieles sagen und doch sage ich nicht alles, was ich denke, weil eben nicht alles in jedem Moment Platz hat. Es achtert gewisser Maßen in mir.«

»Und es ist ansteckend. In mir achtert es nämlich schon genauso.«

»Siehst du, wir sind uns sympathisch.«

»Ja, das stimmt! Und: Ich stelle mir vor, dass sich zwei Menschen wie wir begegnen und wenn jeder von ihnen achtsam mit sich umgeht, strahlt das aus und so schwebt die Acht in jedem für sich und allmählich auch zwischen ihnen.«

»Das ist ein schönes Bild! Ja, soviel ich erfahren habe, hat die Acht nie nur *eine* Richtung. Sie folgt der Richtung, die sie gerade nährt. Die Acht ist eine kosmische Form. Sie formt uns, während wir unser Gespür beobachten. Sie ist ein Samen, der keimt, wenn wir ihn nur regelmäßig gießen.«

Laura blickte nachdenklich in die Ferne. Sie sah mit einem Mal ein ganzes Feld an Möglichkeiten vor sich stehen.

»Hörst du es auch?«, holte Sophia sie sanft zurück.

»Was soll ich hören?«

»Na, das Wort. Es spielt mit uns! Es ruft.«

»Achtsamkeit?«

»Ja! Vermutlich waren wir in der Evolution einfach mal wieder zu schnell unterwegs und haben dabei ein paar Buchstaben verloren. Aber der Kern ist immer noch hörbar: Acht – Samen – keimt. Das ist die ganze Wahrheit. Die Botschaft steckt immer im Kern, oder?«

»Acht-sam-keit. Ja, das klingt gut. Eine schöne Wirklichkeit.«

»Und nur eine von vielen!«, gab Sophia mit einem Lächeln zurück, während sie sich noch im selben Moment fragte, wem eigentlich das Lächeln gehörte.

Anmerkungen: 1) Die besondere Vorstellung des *Gespürs* als Form des Gefühls, das sich auf Erfahrung besinnt und mit dieser wächst, findet sich auch bei Wilhelm Schmid 2) Die Theorie, dass hauchdünne Ideen im Kosmos repräsentiert sind, bereits in der Atomlehre Epikurs 3) Der Ausdruck *Hören mit dem dritten Ohr* stammt von Friedrich Nietzsche und bedeutet zu hören, was Worte nicht sagen. Er wurde später von Theodor Reik aufgegriffen, um die Haltung des Psychoanalytikers in seiner Praxis zu beschreiben.

# Am Rand

Bis an den äußersten Rand
Bin ich gegangen
Nur, um zu sehen,
Dass du nicht da bist
Nur, um zu spüren,
Dass du nie da gewesen
Schon vor so langer Zeit gegangen bist

Dann habe ich gelacht,
Gelacht und geweint
Und endlich nicht mehr gehofft
Ich war sie los, diese zehrende Hoffnung,
Die doch nur Sehnsucht von Gestern war
Ach, was bin ich für ein Narr!

Mit Glück gesegnet,
Dass ich dir nicht begegnet bin
Dort draußen am äußersten Rand

Jetzt erwarte ich nichts mehr
Was ich zu geben hatte,
Ist bereits vergeben
Ich vergebe dir.

Leb wohl, mein Schatz,
Du süßer Traum
Tropfe nur,
Ein letzter Schaum
Derweilen setze ich die Krone auf

Sie lässt mich tanzen, lodern,
Wieder aufrecht gehn
Zum ersten Mal bin ich nicht mehr ›Wir‹
Und ich bin es ganz allein

Leb wohl, mein süßer Traum
Das Meer verlangt nach mir

## Odysseus' Heimkehr

Um das Ende des Odysseus – der nie nur Odysseus, sondern auch immer »unser aller« Odysseus war – spinnen sich viele Sagenfäden. Einer von ihnen führt in folgende Geschichte.

Zwanzig Jahre waren vergangen, seit der Raub Helenas die Männer in den Wahnsinn von Troja getrieben hatte. Odysseus war lebend auf Ithaka zurück, doch Penelope – treu und klug wie zuvor – empfand eine gespaltene Freude, ihn wiederzuhaben, ihn, der an so vielen Erfahrungen gealtert war. Sie wunderte sich, wie wenig ein Heldenkrieg doch den Kern eines Mannes veränderte. Und dann gab es diese anderen Momente und sie wurden von Stunde zu Stunde mehr. Wenn er überhaupt etwas spürbar Neues aus Troja mitgebracht hatte, dann war es die Wehmut. Ja, Penelope spürte sie so stark, dass sie fürchtete, er würde das Bett fortan lieber mit ihr, als mit seiner Gattin teilen. Wie lange hatte Odysseus die Antworten der Götter auf seine Launen erduldet! Jetzt musste sie erdulden, was er ihr mitgebracht hatte, und sie tat es mit einem langen Schweigen.

So vergingen die ersten langen Tage. Seine Geschichten wiederholten sich und seine Seufzer auch. Die Vergangenheit dieses Mannes war vorhersehbar geworden. Er spann sie, wie sie all die Jahre gesponnen hatte, und ihr Leben kam ihr mit einem Mal vor wie ein Fluch.

Wie viele Jahre hatte sie am Sterbekleid für Odysseus' Vater gesponnen, nur um nachts heimlich alle Fäden wieder aufzutrennen! Zeit, die ihr Gatte im Krieg mit Troja oder den Göttern verbrachte! Zeit, die sie brauchte, um sich die Freier vom Leib zu halten, die Nacht für Nacht wie hungrige Hyänen unten in der Halle ihre Kreise zogen und nur warteten, bis Odysseus fiel und das Sterbekleid seines Vaters Laertes endlich vollendet war. Sie wussten, sie mussten warten, bis Penelope die Trauer um ihren Schwiegervater überwunden hatte, und sie taten es allein in der Hoffnung, dass die Lust am Ende umso gieriger aus ihrem schwarzen Versteck hervorgekrochen kam. Denn Lust und Trauer, das wussten sie, gingen nicht zusammen, nicht dorthin, wo sie hin wollten: Auf den bescheidenen Thron von Ithaka.

Und doch mischte der Wein die Wollust mit jedem Abend stärker in ihren Anstand, bis die königliche Halle allmählich zu einer stickigen Höhle verkommen war, während Penelope anfing, diesen Raum zu meiden, jenen Raum, der einmal ihr Raum gewesen war – der königliche Raum von Odysseus und Penelope. Und: Sie hatte Angst. Das Gebräu aus Männerdunst und Lustschweiß nahm ihr den Atem, Luft, die sie brauchte, um die Liebe zu Odysseus am Leben zu halten.

So war das Kleid des Laertes ein Kleid der Hinhaltung und zugleich der Stoff der Hoffnung, das Leinen der Unsterblichkeit. Doch nun lag es stumm neben ihr, während unten in der Halle noch immer die Schreie des Blutrausches zu hören waren. Die Freier waren längst tot, doch ihre Geister wanderten immer noch in der Halle umher, gefolgt von ihren treuen Dienerinnen.

Es waren ihre besten Jahre, die sie dem Warten geopfert hatte, und sie wusste, dass es nicht das einzige Opfer war, sie brauchte sich ja nur nachts nach Odysseus umzudrehen. Nacht für Nacht spann er seine Geschichten um ihr Ehebett und er rang noch immer um einen Sieg. Ort für Ort. Mann für Mann. Und wenn er kampfesmüde an ihrer Schulter niedersank, trennte die Wehmut all seine Fäden wieder auf, so dass er am nächsten Morgen von Neuem erzählen musste, während ihr nur die Trauer blieb.

Sicher, Odysseus war lebendig auf Ithaka zurück, doch die Ironie hielt ihn noch immer an einem dunklen Ort gefangen. Odysseus, der Listenreiche, der von nun an nur noch die Listen der Opfer studierte, nur um zu vergessen, dass er selbst ein Opfer geworden war. Ja, Penelope trauerte um ihn, ihren Mann und König, der zurückgekehrt war und nun nur noch Vergangenheit zu erzählen wusste. Jeden Tag trennten die Erzählungen sie ein Stück mehr. Gar unerbittlich kerbte sich der Mythos ins eheliche Holz, schlief neben ihnen und verleidete dem Glück die Bleibe. Ankerlos schwebte das Schicksal über dem Lager, das Odysseus einst so kühn aus einem einzigen Baum geschlagen hatte. Ja, das Glück war flüchtig geworden auf Ithaka. Odysseus wusste es und Penelope wusste es auch.

So kam es, dass Odysseus noch einmal auszog, um dem Rat des alten Teiresias zu folgen. Noch einmal begab er sich in das Joch der Suche. Wieder einmal packte er für eine Reise und diesmal stand Penelope nicht am Tor. Leer blickte sie zwischen all den Dingen, die sie sich in den Jahren des Wartens eingerichtet hatte, zum Fenster hinab. Da zog er, ihr rastloser Odysseus, und ihr blieb nur, ihn gehen zu lassen – wieder einmal. Nun hatte auch sie die Wehmut ergriffen. Sie liebte ihn noch immer, aber sie wusste nicht wie.

Doch diesmal fuhr Odysseus nicht weit hinaus, nur auf das Festland trieb es ihn, und Penelope war, als könnte sie ihn dort von ihrem Fenster aus gehen sehen, immer weiter den Bergen des Epirus entgegen, so nah war er ihr und doch so fern.

Mit einem Ruder auf den Schultern schritt er immer tiefer in das Land hinein. Nur so war Poseidon, der Herr der Meere, zu besänftigen und Odysseus war bereit, nun auch diesen Streit in seinen letzten Kampf zu führen. Ein letztes Mal wollte er das Opferblut an die Erde vergießen.

Schwer zog es in seiner Brust, als er den staubigen Wegen ins Landesinnere folgte. Jeder Schritt, der ihn vom Meer entfernte, setzte ihm kleine Stiche in den Rücken und ein jeder riss noch einmal alte Wunden auf, erinnerte ihn an einen treuen Gefährten, an das Auge eines Ungeheuers, den süßen Duft der Kirke, an seinen Hochmut. Odysseus war ein erfahrener Mann.

Als alle Bilder noch einmal gesponnen und seine meergepeitschten, tränenreichen Augen allmählich getrocknet waren, traf er einen fremden Mann, der ihm seltsam vertraut vorkam.

»Wohin gehst du Fremder, und warum trägst du zu dieser Jahreszeit einen Dreschflegel mit dir?«, fragte der tief im Land Verwurzelte und verkannte damit das Ruder, das König Odysseus mit sich trug.

So hatte es Teiresias, der blinde Seher, vorausgesagt und so war es geschehen. Odysseus war am Ziel. Wieder einmal.

»Denk an die Opfer!«, erinnerte ihn die Stimme aus dem Totenreich und Odysseus tat, wie ihm geraten wurde. Und da er nicht länger als notwendig an dieser Kreuzung im Nirgendwo verweilen wollte, rammte er das Ruder, so gut er konnte, in die trockene Erde. Das Blut seiner Hände mischte sich mit dem Schweiß der Anerkennung, die nur unter Tränen zu Tage kam, während das trockene Salz des Ruders still die rote Erde befruchtete. Von nun an war er ein Bote des Poseidon, er war Diener und Priester zugleich, und so bat er den Mann, der noch immer neben ihm stand, bei seinen Leuten um die Opfer zu fragen. Ein Schafbock sollte es sein, so weiß wie die schäumenden Wogen, und ein Stier, so rot wie das weinrote Meer. Den schwarzen Eber aber musste er selbst beschaffen. Und so zog er mit all seiner List ins Gehölz, um nach dem Wilden zu suchen. Wer Troja mit einem hölzernen Pferd bezwungen hatte, so dachte er, sollte wohl Held genug sein, einen Eber in seine letzte Schlinge zu führen! Und so geschah es. Kräftig zerrten die erfahrenen Arme am Leben des Tiers und Athene legte Artemis besänftigend die Hand auf die Schulter, als Odysseus in die warme, noch pulsierende Kehle stach, auf dass sich das Schicksal des Tapferen endlich zum Guten wandte, auf dass Erde und Meer, Wurzel und Krone endlich eins wurden.

Es war Hermeszeit, als Odysseus das Opferfeuer entbrannte, und so wunderte es ihn auch nicht, dass der fremde Mann ebenso schnell verschwunden war, wie er gekommen war, während der Schein des Opfers im Abendlicht über die Berge des Epirus bis hinunter ans weinrote Meer zog, wo die Wehmut für immer in schäumenden Wogen versank. Odysseus war ein freier Mann.

# Singende Asche

»Erzähl mir was von dem neuen Kriegertum!«, forderte Joaquín seinen Großvater begeistert auf. Die Wirren der Pubertät zogen nun von Woche zu Woche stärker an ihm, wie ein fahrender Zug, gerade langsam genug, um immer noch einen Sprung auf das letzte Plateau zu schaffen. Der Umbruch hatte begonnen.

»Weißt du«, gab Piro geduldig zurück, »der postmoderne Mann ist vieles. Er ist Macher, Entdecker, Vollstrecker, Voyeur und Globalist. Doch einige von ihnen machen sich auf den Weg und rufen den inneren Krieger ins Leben zurück. Sie verlassen die Burg der inflationären Beliebigkeit und entdecken ihre eigene, stille Mission. Sie finden Pfade direkt neben dem Alltag und hören wachsam in den Ruf der Stille hinein. Und wenn es abends dämmert, zünden sie ein Feuer an.«

»Ein Feuer?«

»Ja, Joaquín, ein Feuer. Das Feuer des neuen Kriegers brennt nah am Boden und es trägt seine Glut bis weit in die Nacht. Weißt du, der neue Krieger will nicht um jeden Preis gesehen werden. Er möchte weder Spuren hinterlassen, noch in seiner Stille entdeckt werden. Auf diesem Pfad ist *er* der Entdecker und auf dem möchte er so achtsam wie möglich sein. Er ist mutig und vorsichtig zugleich, die Zugbrücken der Wachsamkeit weit ausgefahren. Und: Er vertraut den Zeichen, die er Tag für Tag mehr zu lesen lernt.«

Joaquín hing gespannt an seinen Lippen. Genauso eine Erzählung hatte er sich erhofft!

»Und so sammelt der neue Krieger auf seinen Streifzügen durch die Welt allerhand Erfahrungen, allein um sie abends der Klarheit des Feuers zu opfern. Und da er keinen Ort undurchlebt lässt, wird die Frage nach dem Sinn niemals lauter sein als das Feuer, das ihn gerade umgibt.«

Joaquín nickte. Auch wenn er nicht so recht wusste, welcher Teil in ihm das alles verstand, so wusste er doch um seine Zustimmung.

»So sucht der neue Krieger immer öfter Pfade aus seinem Alltag heraus«, fuhr Piro in aller Ruhe fort, »und weil ihm auf diesem Weg so vieles fremd erscheint, muss er sich jeden Morgen von neuem daran erinnern, dass er diesen Pfad freiwillig geht. Allein indem er sich öffnet, hartnäckige Fragen in weiche, wachsame Blicke tauscht, lebt er allmählich einem neuen Gespür entgegen. Und wenn die Wärme des abendlichen Feuers flüsternd an seine Brust zieht, weitet sich die Öffnung und er fängt eines Abends leise zu singen an.

Joaquíns Augen zuckten nervös, als wollte er die ganze Geschichte auf einmal verschlingen.

»Was ist das für ein Gesang?«, trieb ihn eine andere Stimme an.

»Nun, anfangs ist es nur ein zögerlicher Ton, der verhalten in die knisternde Wärme züngelt«, wusste Piro. »Doch schon bald stürzen sich die nächsten Töne in das Auge des Feuers und so fängt der neue Krieger, zerrissen zwischen Zweifel und Erhabenheit, eines Nachts ganz unbemerkt zu singen an. Und diesmal ist es nicht die Angst, die ihn singend macht!«

Joaquín nickte. Oh ja, diese Angst kannte er!

»Es ist die Wärme«, fuhr Piro fort, »die das Herz des neuen Kriegers weicht und seine Knochen mit dem Feuer verbindet. Und während es tief in seiner Brust zerrt und webt, sieht er ganz allmählich seine alten Knochen in der Glut vergehen. Jede Nacht stirbt so ein Teil von ihm und jeden Morgen wird ein neuer geboren.«

Joaquín verstand noch immer, was Piro da zu erzählen wusste. Jeden Ton verstand er und er verstand so schnell, dass er dem Zweifel keinen Antritt ließ.

»Und was passiert dann? Was ist mit dem alten Krieger?«

»Nun, eigentlich gibt es keinen *alten* und auch keinen *neuen* Krieger. Immer geht ein Teil und immer kommt ein Teil. Nur manchmal spüren wir es eben stärker und dann glauben wir, es wäre gerade jetzt etwas gegangen oder eben entstanden. Doch zurück bleibt immer nur Asche. Asche, die bei manchen so rein ist, dass sie mit der ersten Brise in Richtung der großen Berge zieht. Nichts wird dann noch daran erinnern, dass dort ein Mann saß ...«

»... *zwei* Männer saßen«, hielt Joaquín mit feurigem Lächeln entgegen.

»Ja, *zwei* Männer«, gab Piro lächelnd zurück, während Gegenwart, Vergangenheit und Zukunft allmählich zu einem feierlichen Augenblick verschmolzen. »Das ist der Geist des neuen Kriegers. Singend gräbt sich seine Asche in die männliche Seele und er beginnt zu ahnen: Wo sich die Erde der Gewohnheit mit der Asche der Öffnung mischt, fängt Neues zu wachsen an.«

Für einen Moment wurde es still um die beiden. Nachdenklich lauschten sie dem Klang der Bilder, der in ihnen rührte, in Joaquín noch mehr als in Piro.

»Hat dieser Krieger auch ein Schwert?«, sprudelte es dann etwas überraschend aus Joaquín heraus. »Ich meine, was ist seine Waffe?«

»Natürlich trägt dieser Krieger ein Schwert«, wusste Piro, »so wie es die alten Heroen tun. Das Schwert ist seine Klarheit. Es trennt den Weg vom Nicht-Weg. Geschmiedet aus dem Eisen der Entschiedenheit ist es einer seiner treuesten Gefährten. Du musst wissen: Nichts hemmt den neuen Krieger so sehr wie die Beliebigkeit.«

Joaquín wusste nicht so ganz.

»Weißt du, dort draußen in der modernen Welt gibt es einen ganzen Bazar an Lebensstilen. Das war nicht immer so. Für manche ist es ein Segen und sie können gar nicht genug davon bekommen. Sie spielen mit ihren Lebensentwürfen und ziehen sich Identitäten wie neue Kleider an. Keine Frage, viele dieser Entwürfe sind kreativ. Aber was, wenn die Anerkennung der anderen ausbleibt? Wie oft, wie lange soll man sich umziehen, wie lange noch weiter probieren? Und so wird der Jahrmarkt der Selbstverwirklichung allmählich zu einem leisen Gift, das sich ganz unbemerkt in ihre Lungen frisst. Sie glauben, Freiheit zu atmen und röcheln doch nur mehrdeutigen Schablonen hinterher. Schablonen, die nicht messen, nur passen – für einen Augenblick, zumindest solange, bis ein neuer Trend einen weiteren Riss in ihre Lebenserzählung kerbt. Spätestens dann hat die Schablone ihre Führungskraft verloren. Es ist Pappe, Joaquín, nur Pappe!«

»Und wie reagieren sie?«

»Sie sind überrascht. Wieder einmal. Überrascht, dass ihre Pappe der Dauerberieselung einer allzu fluiden Gesellschaft nicht standhalten will. Dabei wissen wir doch, dass Schablonen nicht für die Dauer gemacht sind! Es sind Provisorien, Joaquín! Nur Provisorien!«

Joaquín hatte verstanden. Auch wenn er im Moment noch nicht so recht wusste, was das alles mit ihm zu tun hatte. Für einen kurzen Moment war seine Begeisterung einem anderen Gefühl gewichen. Ja, für einen Augenblick konnte er im Gesicht seines Großvaters dasselbe Ringen sehen! Es war, als würde jede Falte davon erzählen. Geschichte und Gesicht passten zusammen und Joaquín war sich sicher: Hier war es keine Schablone!

Das Spielerische des Kriegers hatte einen ernsten Ton bekommen und irgendwie mochte er dieses Gemisch. Es roch nach Schwelle, es roch nach Übergang.

»Weißt du«, fuhr Piro fort, als hätte er soeben in Joaquíns Augen gelesen, »Männer ohne Eisen sind Getriebene in einer Herde, die glauben, sich frei zu bewegen. Sie fühlen sich frei, weil die Welt um sie herum bunt ist. Aber das allein ist nicht Freiheit. Sie denken: Solange es bunt ist, sind wir noch am Leben.

Vielleicht. Ihre Leben sind sicher, aber ihre Kräfte sind gebunden, gebunden an einen Traum, der so hartnäckig real ist, dass er lähmt, während die Vielseitigkeit um sie herum allmählich zur Beliebigkeit implodiert. In dieser Zeit, Joaquín, ist das Schwert der Entschlossenheit ein heilsamer Begleiter.«

Joaquín blickte angestochen auf. Das Feuer des Kriegers war nun ganz in ihn gefahren und Piro ahnte bereits, wohin seine Gedanken drängten.

»Doch nicht um andere zu führen ist es da! Nein, Joaquín, der neue Krieger will weder führen, noch verführen, er will sich erst einmal selbst verorten. Verstehst du? Er ist auf der Suche nach einem Ort, an dem er zur Ruhe kommen kann, einem Ort, an dem sich Individualität erfahren lässt, ohne sich dafür erst mit teuren Attributen schmücken zu müssen. Das Schwert der Entschlossenheit ist keine Waffe, es ist eine Tugend und solange es scharf trennt, wird es auch immer wissen, wann es eine Grenze überschritten hat. Nur wenn es scharf ist, kann es das eine vom anderen unterscheiden. Und solange der Krieger das Schwert achtsam führt, er sich selbst im Spiegel der Klinge sehen kann, wird es nicht verletzen. Es wird irritieren, ja, vielleicht, aber es wird nicht verletzen.«

»Und woher hat er das Schwert?«

»Weißt du, Joaquín, nicht jeder, der ein Schwert trägt, ist automatisch ein Krieger. Zu jedem Krieger gehört auch eine Haltung und die siehst du erst, wenn es ernst wird, eben dann, wenn es darum geht, etwas zu verlieren.«

Joaquín nickte.

»Das Schwert ist eben ein altes Attribut«, wusste Piro, »und jede Generation muss lernen, die Form dieses Erbes mit einem eigenen Ausdruck zu füllen. Man erbt ein Schwert nicht wegen seines Metalls.«

»Sondern wegen der Ehre.«

»Ja, genau! Ein Schwert ist gebunden an einen Auftrag und der besteht darin, eine eigene Haltung zu finden und vor allem zu lernen, sich von *ihm* führen zu lassen. Ein kluger Krieger lässt sich von seinem Schwert führen, ein weiser aber hat dieses Schwert selbst geschliffen und im Spiegel seiner eigenen Tugenden geschärft. In einem Fall mag es die Entschlossenheit sein, in einem anderen die Sanftmut. Finde heraus, was es für dich ist!«

»Wenn das Schwert des neuen Kriegers seine Klarheit ist, was ist dann mit all den anderen Dingen, die ein Krieger so mit sich trägt?«

»Auch alle anderen Dinge sind nur Formen mit Namen, die immer wieder neu gefüllt werden müssen. Jede Zeit hat ihre eigenen Herausforderungen, ihre eigenen inneren und äußeren Kriege. An welche Dinge denkst du?«

Joaquín blickte verträumt zu Boden.

»Ich weiß nicht, vielleicht ein Fell? Ich mag mir den neuen Krieger nicht mit Rüstung vorstellen.«

»Ein Fell. Das klingt gut! Ja, ich denke ein Fell würde dem neuen Krieger ganz gut stehen. Weißt du, so ein Fell hält nicht nur warm, es schützt auch. Stell dir vor, Joaquín, welche Kraft ein Krieger hat, der mit dem Schwert der Entschlossenheit handelt, in dem sich all seine Tugend spiegelt, während ihn das Fell davor schützt, sich der bloßen Beliebigkeit zu opfern.«

Joaquín konnte sich diesen Krieger gut vorstellen!

»Weißt du«, setzte Piro nach, »der neue Krieger kennt nicht nur die Herausforderung der Beliebigkeit, er kennt auch die Wünsche der Allweiblichkeit. Nur wenige sprechen darüber, aber sie ist allmählich bis in die Schatten der männlichen Seele vorgedrungen.«

Joaquín schluckte verlegen. Von einer Allweiblichkeit hatte er noch nie etwas gehört.

»Nun, Krieger sind ja nicht nur Krieger, sie sind in erster Linie Männer und einige von ihnen vielleicht auch nur deswegen Krieger, weil sie eben Männer sind. Sie haben einfach nie gefragt, was man als Mann noch so alles sein könnte.«

»Ja, ist denn nicht jeder Mann ein Krieger?«

»Genauso wenig, wie jeder Krieger ein Mann ist.«

Joaquín nickte betroffen.

»Weißt du«, setzte Piro nach, »in ihrer Not ziehen sich heute einige Männer hinter viel zu kalte Mauern zurück oder sie springen kopfüber in den See der Selbstopferung, erzählen alles von sich, alles, von dem sie denken, dass es das Weibliche hören mag. Sie flüchten in den nackten Angriff, in die grenzenlose Offenheit, erwartend, dass es einen geheimen Kurs für dieses Manöver gibt, immer in der Hoffnung, dass sie *es* richtig machen. Aber wie kann ein Mann schwimmen, wenn er nur die Bewegungen des Weiblichen imitiert?«

Joaquín spürte, dass das keine echte Frage war, und im Grunde seines Herzens war er froh darum. Manche Fragen, so dachte er, tun eben gut daran, nur als Fragen leben zu müssen, ebenso wie es keinen Sinn macht, wenn Frauen das Mann-Sein imitieren und andersherum. Warum also sollte sich eine Frage als Antwort verkleiden?

»Unter diesem Fell«, setzte Piro nach, »ruht ein Teil reiner Männerseele, ein Teil, der so wild und gepflegt gleichzeitig sein mag, wie eben nur Männlichkeit sein kann.«

Jetzt war es Joaquín, der mit wachem Blick in die Ferne tauchte. »Ist das alles?«, wollte er nach einer Weile wissen, nachdem seine Aufmerksamkeit wieder ins Hier und Jetzt zurückgekommen war.

Piro schreckte überrascht auf.

»Was meinst du?«

»Na, ist das alles zum Glück?«

»Glück?«, setzte Piro verwundert nach.

»Ja, Glück. Geht es denn nicht um Glück bei all dem Krieger-Sein?«

»Oh nein«, setzte Piro bedacht entgegen. »Glück ist ein viel zu schwerer Schatz. An ihm reibst du dir nur deinen Rücken wund. Glück ist eine Sache der Götter. Wie wäre es mit Zufriedenheit?«

Joaquín biss nicht so richtig an.

»Anerkennung?«

Der Junge schüttelte nur den Kopf.

»Selbstmächtigkeit? – Nein?«

Nein! Joaquín war noch nicht bereit, die Suche nach dem Glück aufzugeben. Noch nicht. Sollte ihn das Leben später einmal Anderes lehren, gut, dann hatte er es eben versucht, aber noch war es zu früh, diesen Schatz einfach aufzugeben.

Piro hatte verstanden.

»Nun, die Geschichte ist noch nicht zu Ende. Stell dir vor, der neue Krieger sitzt abends, wie so oft, an seinem Knochenfeuer. Das Fell wärmt ihn mehr als genug und sein Schwert liegt treu neben ihm. Er hat das abendliche Ritual lieb gewonnen, doch er schafft es nie, seine Hände ruhig zu halten. Immerzu wollen sie etwas tun. Und so taucht er eines abends in das Spiel der Laute ein.

Anfangs ist das Holz noch ungezähmt und bricht, sobald er es berührt, in fürchterliches Wummern aus, und so legt er die Laute schon bald wieder zur Seite, nur um es am nächsten Abend noch einmal zu versuchen. So geht es Woche um Woche, bis er allmählich beginnt, zwischen den Tönen zu hören, und er begreift: Wenn er die Saiten anschlägt, bis der Ton förmlich vor ihm stehen bleibt, fängt das Holz zu singen an. Er erkennt, dass nicht das Offensichtliche die Musik macht, sondern das, was eben knapp davor geschieht. Die Töne selbst sind nur der Nachhall seiner eigenen Mitte.

Von da an wusste er: Wenn Klarheit den Körper seiner Laute streichelt, können die Finger mit ihren Farben spielen. Farben, die aus dem Reich der Mitte fließen. Und so fing er an – die Wange an das warme Holz gepresst – den Liebgesang der Laute zu spüren, einen Gesang, wie er ihn noch nie zuvor gehört hatte. In ihm verschmolzen Männlichkeit und Weiblichkeit zu einem einzigartigen Ton. Frech und warm spiegelte sich dieses Auf und Ab in seiner Brust und allmählich begann es in ihm zu tanzen, während sich seine Seele an der Selbstverständlichkeit nährte, dass Mann und Frau kein Widerspruch sind.

Schwert, Fell und Laute«, schloss Piro seine Erzählung, »sind das Herz des neuen Kriegers. Er singt mit der Asche, hört mit den Händen und tanzt mit der Glut.«

Lächelnd blickte Joaquín in Piros Augen. Etwas in ihm hatte das Glück berührt und der alte Mann freute sich mit ihm.

# Kairos

Im Schatten frommer Eichen sucht ein tapferer Mann sein Glück. Das Zittern seiner Arme ist schon von weitem zu sehen. Mutig spannt er seinen Bogen. Allein, das Opfer fehlt.

Eine Hirschkuh wäre leichter zu erlegen gewesen, doch hier riecht es nicht nach Blut. Es riecht nach viel zu süßem Parfüm, es riecht nach Stadt, es riecht nach Exzess. Gespannt hält der Jüngling den Atem an. Wie leicht wäre es gewesen zu töten! Doch nein, hier wird nicht geschossen. Hier wird anvisiert, den Puls so nah wie möglich an der Sehne. Oh Gott, wie das spannt! Und wir erinnern uns mit ihm, an das, was uns all die Märchen eingegeben haben. Mag er sich noch so einsam fühlen: Ein Mann im Wald ist nie allein. Etwas in ihm kennt noch immer die alte Bindung, das alte Sehnen, das lauschende Suchen. Nein, ein Mann im Wald ist kein Fremdkörper, er ist ein Teil von ihm, selbst wenn er es vergessen hat, und etwas da draußen wartet auf ihn, still und unnahbar. Alles im Wald ist Wachsen.

Gespannt halten wir den Atem an. Es ist Mittag, die Sonne hält die Schatten kurz. Hier lässt sich nichts verbergen! Hätte er töten wollen, weiß Gott, er wäre im Morgengrauen gekommen. Der Tod liebt lange Schatten. Doch er, er hat genug vom Dämmerlicht. Zu lange schon hat er seine Augen daran entfremdet. Sein Mut wird nicht mit Blut bezeichnet, sein Mut speist sich allein aus dieser Tageszeit und wir sehen ihm blinzelnd zu.

Skeptisch setzt er den Bogen an und wir spüren, wie schwer es sein muss, ein Fragment zu jagen, jenen Teil, der einen erst vollkommen macht und von dem niemand weiß, wann er ihm gegenübertritt, welche Gestalt er wählt, welche Opfer er fordert, ob er heilt oder sticht. Doch irgendwo hier draußen wartet er, hier zwischen all den alten Bäumen, und dieser junge Mann ist bereit und er ist es so sehr, dass selbst die Krähen eine Weile schweigen.

Tief graben sich die Zähne in die Unterlippe, entschlossen den Moment zu halten, auszuhalten, was so schwer zu ertragen ist. Das Fleisch seiner Lippen färbt sich rosa, es wird weiß und als sich alles Blut zurückgezogen hat, ringt er dem Bogen ein mächtiges Stück Sehne ab, so weit, bis das Holz endlich anfängt zu singen. Mit aller Kraft stemmt er sich in den weichen Boden, während das zarte Gras tänzelnd um seine Füße wirbt, ihn kitzelt, irritiert, bis er doch wieder die Spannung verliert.

Eine seltsame Stille weht ihn an. ›Hämisch‹, mutet er, doch sorgsam blickt die Göttin der Erinnerung auf ihn herab, greift nach seinem hellen Hals und wäscht bedacht das Parfüm von ihm, das ihn noch immer trunken macht. »Gut so!«, faucht er ihm bitter nach. »Gut so! Trinke nur und trag es fort!

Was war ich doch nur für ein Narr! Fort mit ihm! Fort von hier! Soll dieser Geruch von mir aus wilde Rosenbüsche bestäuben! Allein, ich will ihn nicht mehr haben! Ich will dieses Riechen nicht mehr sein!«

Und er spürt, wie ein laues Lüftchen seinen Hals umspült, zärtlich saugt und an ihm spielt. Dann ist es mit einem Mal so still, wie es doch vorher nie war, und er hebt erneut die Arme an, während der Wind die letzten Blätter von den Ästen treibt. Listig segeln sie an seinen Ohren vorbei. Der Herbst hat sie vergessen. Doch jetzt liegt es an ihm, sie zu übersehen.

Gespannt blickt er über den Rahmen aus Zweigen hinweg, wartet, bis die Ferne Felder und Hügel entlehnt und in einem tanzenden Schleier endlich die alles verzehrende Leere ruft. Zitternd halten seine Hände aus. Sein Puls schlägt warm an der straffen Sehne. Dann ist es so weit.

Verschwommen zieht sie aus den Poren der Erde herauf, während sie langsam nach all den Dingen greift, die unsere Welt bedeuten, verschlingt Blumen, Feld und Wiesen, raubt selbst den Krähen ihre Luft, und wir beginnen zu ahnen: Diese Leere ist nicht zu zähmen, sie ist vielleicht das einzige, was nie zu zähmen ist. Nicht zu schießen ist sie und ihr ist nicht zu fliehen. Wenn sie dich sucht, findet sie dich in der geselligsten Runde. Sie ist das Wildeste, das der Mensch wohl je gesehen hat. Doch nicht zu fürchten braucht er sie, nur schauen muss er sie lernen und der Jüngling dort ist wohl entschlossen.

Tapfer hält er die Spannung aus. Zum Reißen nah ziehen seine Sehnen an denen des Bogens. Es ist ein ungleicher Kampf, ein Ringen, in dem weder Mensch noch Holz siegen wird. Am Ende ist es die Leere, welche die Lorbeeren davonträgt. Sie ist es, die das Rennen macht! Sie ist der unangefochtene Sieger im Kampf der wilden Kräfte.

Doch sie liegt nicht in den Wäldern, sie liegt nicht in dir, sie liegt irgendwo dazwischen und der Jüngling beginnt zu ahnen, vielmehr noch: Er *weiß*, dass sie ihn hier finden wird, wenn er nur lange genug den Bogen in den Himmel hält. Die Leere, die alles verzehrende Leere.

Doch Warten kostet Kraft, mehr noch als begieriges Suchen, und so verlassen ihn die Kräfte noch zur selben Stunde. Sanft blicken wir mit ihm zu Boden, reiben uns die trockenen Augen.

›Mut allein macht eben keinen Sieger‹, versucht er sein fliehendes Herz zu beruhigen.

›Ja‹, flüstern wir ihm besonnen zu, ›und ein langer Atem ist kein elterliches Erbe, er ist ein Geschenk der Götter.‹

Und da die Götter mittags nur selten im Zenit ihrer Stimmung sind, beschließt der Jüngling, klug genug, seine Kräfte für die kühleren Stunden zu sparen. Und so sinkt er nur wenig später im Schoß einer alten Buche nieder, geradewegs als Helios mit seinem Gespann den höchsten Berg bezwingt, schimpfend, fluchend, angetrieben von seinem eigenen Stand, der einzige, der solch blendendes Werk vollbringt. Und wir ahnen: Auch er hätte eine andere Beschäftigung erwählt, hätte das Schicksal es gewollt, aber es stand ihm nicht frei, nicht in diesem, unendlichen, göttlichen Leben. Und so fällt der Jüngling, nur von wenigen Schatten umrahmt, in einen tiefen Schlaf.

Träumend sinkt er in das weiche Moos, zieht durch das Tor der Träume weiter in einen dichten Wald. Erstaunt betrachtet er dort all die Bäume. Hunderte von Fichten säumen seinen Weg. Hoch oben thronen ihre Kronen, doch darunter ragen nur kahle Stämme empor. Nackt sehen sie aus!, wundert er sich. Jemand hat sie wohl ihrer Scham beraubt, ihnen die Zweige in den Körper zurückgestutzt, grätengleich wie sie da stehen.

Doch ihre Rinde ist saftig und mild, und so stillt der Jüngling, noch immer wandelnd im Traum, seinen Durst an ihnen, bis ihn mit einem Mal ein eigenartiger Rausch erfüllt. Der ganze Wald um ihn herum beginnt zu tönen. Doch nicht von außen, von innen hört er es! Und als er sich satt getrunken hat, zieht er mutig weiter. Ganze Orchestersätze beflügeln nun seinen Weg! Ja, ihm ist, als könne er gleichzeitig ein Meer aus Violinen atmen und dazu Flötenmelodien pfeifen! Ein und aus, immer tiefer – ein und aus. Sein ganzer Atem ist mit einem Mal Musik. Ja, ein wenig taumelt er, doch es geht ihm gut.

So setzt er tanzend seine Reise fort, träumt sich summend, pfeifend, jubilierend einen Weg, immer weiter durch das dichte Fichtenmeer.

›Es ist ein altes Meer, das ich hier bereise‹, weiß ein Teil in ihm, der so wach ist, wie er im Wachen doch nie sein würde, bis er mit einem Mal auf etwas Eigenartiges stößt.

An einer der unzähligen Fichten hängt, an einem nackten Ästchen, winkend und verführerisch, ein Schlüssel. Unverschämt lockt er den Jüngling, ein leichtes Spiel, keine Rede, seinen Willen führen zu müssen. Der Weg des Träumers führt ganz einfach an all den Zweifeln vorbei und der Schlüssel hängt zum Greifen nah. Und während er noch immer summend überlegt, was ein Schlüssel wie dieser wohl hier will, weiß eine andere Stimme längst in ihm:

›Wenn du den Schlüssel nimmst, verändert er dein Leben. Nimmst du ihn nicht, veränderte er dein Leben auch.‹

Und er nimmt den Schlüssel und erwacht zwischen den kühlen Schenkeln der alten Buche.

Prüfend öffnet er die Hand. Das Zittern ist verschwunden. Auch die Muskeln haben sich beruhigt und so steht er nur wenig später schon wieder mit seinem Bogen im Ring. Das Licht ist nicht mehr ganz so grell und der schwere Duft an seinem Hals endgültig verflogen.

Abermals spannt er die Sehne, während er dem Atem erlaubt, immer langsamer durch seine Brust zu ziehen, bis endlich Ruhe in ihm wohnt. Selbst die Felder haben ausgeschaukelt. Ein letztes Mal presst er die Lider zusammen. Jetzt ist die Welt, diese kleine bescheidene Welt, nur noch durch einen roten Schlitz zu sehen. Der Druck auf seinen Augen zwingt die letzten wackelnden Gebilde zur Räson, ein zitternder Felsen, ein wedelnder Hain, ein Habicht, der in die weit geöffneten Arme einer Kiefer flüchtet. Dann senkt er entschlossen seine Lider, als gäbe es nichts, das er in diesem Moment sonst tun könnte, und er war mit einem Mal wie geschaffen für diesen Ort.

Nun war er nur noch er selbst. Gras, Krähen und Eichen, alles Leben, alles Geräusch in diesem Wald hatte einen stillen Platz in seiner Brust gefunden, nur ein paar Finger breit über seinem Zwerchfell. Alles ist gekommen, um ihm beizuwohnen, und mit einem Mal wird ihm bewusst, dass aus der Welt nichts auszusparen ist, ganz einfach, weil er ein Teil dieser Welt ist und immer sein wird. Nein, niemals wird die Welt auszusparen sein! Eher noch kommt sie und sucht uns heim, sucht sich einen Platz in uns und wartet dort auf unsere Antwort.

›Ja‹, stimmt der Jüngling besonnen zu. Alles in ihm hat sich mit einem Mal an die Spannung gewöhnt, nur dadurch, dass er sie nicht mehr wegatmen, nicht mehr wegwünschen, bezwingen oder fortscheuchen will. Er hat die Welt eingeladen, wie sie ist, und erstaunlicherweise hat alles in ihm Platz! Kein Aufbäumen, kein Kommentar, kein Selbstverständnis! Hier gibt es nichts mehr zu verstehen, die Welt steht still.

In diesem Augenblick begegnet er Kairos zum ersten Mal. Mit geschlossenen Augen saugt er den alten Mythos ein, jenen heiligen Moment, von dem man nie genau weiß, wann er einem zu Ehren kommt. K A I R O S. Doch jetzt ist er da und der Jüngling weiß nicht, ob er jemals schon so empfunden hat.

# Dendrosophie

Wäre ich ein Baum,
Der spürt, wie das Laub
Zu seinen eigenen Füßen fällt,
Wie wichtig wäre mir die Krone?

Wäre ich ein Baum,
Wie viele Blitze und Stürme
Könnte ich ertragen, ohne zu brechen?
Wie viele Füchse würde ich jagen sehn?

Wäre ich ein Baum,
Ich würde mein Fleisch
Den Spechten schenken.
Ich wäre Knecht und König zugleich.

Wäre ich ein Baum,
Ich würde mich nicht mit der Erde,
Nicht mit den Menschen,
Nur mit der Sonne drehen.

Wäre ich ein Baum,
Wie würde ich trauern,
Wenn einer meiner Brüder fällt?
Würde ich weiter Wurzeln bauen?

Wäre ich ein Baum,
Ich würde mein Blut
Den Eichhörnchen schenken,
Dafür, dass sie meine Arme kratzen.

Wäre ich ein Baum,
Ich würde das hier nicht schreiben.
Ich würde tanzen.

# Wunschgold

Schon immer war das Meer ihre Heimat und es war es so sehr, dass sie sich gar nicht erinnern wollten, dass es einmal eine andere Heimat gegeben hat. Jeder auf diesem Schiff hatte seine Vergangenheit gegen die rauschende Leere getauscht. Sie hatten einfach die Taue gekappt und waren losgezogen. Für die meisten war es Jahre her, für einige so lange, dass sie nur mehr dieses Leben kannten. Getrieben von Wind und Wellen jagten sie in immer neuen Strömungen dem Glück hinterher.

Doch eines Tages machte sich Unruhe auf dem Schiff breit. Seit einer von ihnen unter Deck gestiegen war, um das Gold zu zählen und nicht wiederkam, durchzog ein eigenartiges Winseln die Segel. Überall auf dem Schiff war mit einem Mal ein hohes Surren zu hören, das selbst den Härtesten unter ihnen die Nackenhaare nach oben trieb. Erkunden und Vergessen, das alles war ihr tägliches Brot, es nährte ihre flüchtigen Seelen, doch dieses Surren war anders. Es war gegenwärtig, es erinnerte sie an das Hier und Jetzt und das war mit einem Mal mehr als unheimlich.

So steuerten sie geradewegs die nächste Insel an. Pyros lag nur wenige Stunden entfernt und die Männer hingen an Ruder und Pinne wie schon lange nicht mehr. Doch nicht zum Tauschen wollten sie diesmal Land betreten. Ein mächtiger Zauberer wohnte am Fuße des Vulkans und sie hofften, er könne dem gespenstischen Treiben auf ihrem Schiff ein Ende bereiten.

»Ihr seid Händler, nicht wahr?«, sprach Katalýton, der Tiefsichtige, zu ihnen, nachdem sie die Insel bis zu ihrer Mitte durchquert hatten.

Scheu nickten ihre Köpfe im Eingang der dunklen Höhle. Katalýtons Haus lag unmittelbar am Fuße des Vulkans und seine Mauern gaben nichts Milderes als dünstenden Schwefel frei.

»Was führt euch zu mir?«, stieß er die Seelen an.

Und schon erzählten die Männer aufgeregt von dem unwohlsamen Treiben auf ihrem Schiff. Immer wieder musste Xanathos – der Erfahrenste unter ihnen – seine Gefährten bremsen. Die Erzählung der verschreckten Männer steuerte geradewegs in ein heilloses Durcheinander. Die Aufregung hatte sich gleich mit eine Bahn durch die Insel geschlagen und nun war sie kaum mehr zu bändigen.

»So ist es«, bekräftigte Xanathos. »Erst war es nur einer, der wie so oft unter Deck ging, um nach der Ladung und den Waren zu sehen. Doch er kam nicht wieder und so sah ein weiterer nach ihm, doch auch er blieb bis heute im Bauch unseres Schiffes zurück. Einer nach dem anderen machte sich an, nach dem Rechten zu sehen. Nun fehlen uns acht

Mann. Allein wir sieben sind übrig und keiner von uns wagt es mehr, unter Deck zu sehen. Wir haben die Luke fest verschlossen und seitdem keine Ruhe mehr.

Gelassen lauschte Katalýton der Not der Männer. Dann wandte er sich der großen Steinplatte neben den Schwefelmauern zu. Geschwind fegte er mit einer Hand die Blätter vom Stein, um gleich darauf mit der anderen ein ganzes Dutzend Haifischzähne auf den heiligen Tisch zu werfen.

»In der Tat«, sprach Katalýton mit ernstem Blick. »Ihr habt einen Fluch an Bord. Das Gold hat euch die Mannen geraubt.«

Die Meute erfahrener Männer zuckte fröstelnd zusammen. Sie hatten es geahnt, aber wissen wollten sie es nicht. Doch nun konnten sie sich der Wahrheit nicht länger erwehren. Der Fluch hatte ihre Lungen besetzt und der Schwefel, der ringsum aus den Steinen quoll, tat sein Übriges dazu. Sie waren atemlos.

»Ich kann euch nicht helfen«, setzte Katalýton nach, noch bevor Hoffnung in den Mannen keimte. »Das Gold ist ein Teil des Berges. Doch euer Schiff gehört dem Meer. Dieses Feuer hier kann gegen das Meer nicht an.« Und er zeigte auf den schwarzen Berg. Dann wandte er sich zum Gehen.

»Mächtiger Mann,« hielt der Erfahrenste ihn verzweifelt zurück, »was können wir tun?«

»Sucht auf dem Grund des Meeres. Dort werdet ihr ein Mittel finden.«

Und noch im selben Augenblick schloss sich die Tür von Zauberhand und zurück blieben nur Schwefel und Nebel.

Mürrisch stapften die Männer zurück zum Schiff. Keinen von ihnen trieb es freiwillig wieder hinaus auf See, doch ein anderes Leben kannten sie nicht und so waren die Segel in der Dämmerung von der Küste aus schon bald nicht mehr zu sehen. Orientierungslos trieb das Schiff über die kaltblaue See. Sie wussten, dass es unmöglich war, auf dem Grund des Meeres zu suchen, und so blieb ihnen nur die Hoffnung, das Surren an die Zeit zu verlieren. Jeder Sturm war nun willkommen, doch selbst in den heftigsten Böen war das quälende Geräusch, das wie bettelnde Dohlen mit dem Fluch über ihr Schiff gekommen war, noch zu hören. Es war da, es war ein Teil von ihnen und sie konnten nichts anderes tun, als sich ihm ergeben.

Tage, Wochen vergingen und die Männer wurden von Tag zu Tag lethargischer. Benommen hingen sie in den Flanken, berauscht von Rum und einer ratlosen Gleichgültigkeit. Es war sinnlos, sich Gedanken über ihre eigene Rettung zu machen, Ideen für das Unmögliche zu schleifen. Es war ja doch nur verlorene Zeit. Und so kam ihnen das Leben auf dem Schiff zum ersten Mal verloren vor. Es war ihnen plötzlich egal, ob sie Abenteurer, Krieger oder Händler waren. Nichts dergleichen konnte ihren Mut erreichen. Selbst die halbherzigen Landgänge, die sie zwischendurch ernährten, waren ihrer

Leidenschaft beraubt. Sie vergaßen zu essen und tranken nur noch, um das Salz von ihren Lippen zu spülen. Das Schiff lag im Sterben und das Surren war kurz davor, sie alle hinüberzutragen.

Mit dem Mut schwand auch die Kraft und mit ihr das Leben aus dem Schiff und so sanken sie in eine tiefe Lethargie, wortlos, geräuschlos, ansteckend. Das Gold, die Gefährten, der Zauberer, alles war vergessen. Nur hier und da blitzte am Horizont ein Stück Vergangenheit auf. Einige von ihnen vernahmen die Stimmen ihrer Frauen, den spielenden Ruf ihrer Kinder. In ihrer Lethargie schwammen die Gesichter alter Freunde, schneebedeckte Berge und Körbe leuchtender Granatäpfel vorbei. Eine beißende Brise alter Heimat strich über ihre sonnengegerbten Wangen, wühlte sich durch ihre Bärte, um sich von dort aus in ihre Kiefer zu fressen. Starrend saßen die Männer in den meergepeitschten Flanken. Allein ihr leeres, wiederkehrendes Kauen zeigte den Rest Leben an, der über das Schiff hinwegvegetierte. Selbst die Möwen mieden diesen Kurs. Alles roch nach Tod.

Doch sie waren nicht tot! Sie waren weder tot noch lebendig, bis sich das Salz der Wellen allmählich in einzelnen Tropfen mit dem ihrer Augen paarte. Langsam, aber stetig griff es über die Flanken des Schiffes herüber in die starren Augen der Männer hinein. Es spülte ihre Lider, färbte sie erst rot, dann weiß, dann schwarz, bis sie allmählich selbst zu Tränen begannen. Und so fingen die Männer, dem Tode nah, an zu weinen. Träne für Träne tropfte das Salz aus ihren Augen. Ein Sud der Wehmut sammelte sich auf ihren regungslosen Händen, floss weiter über ihre harten Knie, erreichte ihre Knöchel und floss von dort aufs Holz hinab. Immer wieder peitschte das Meer die Tränen an, paarte sich mit ihnen und spülte all das salzige Gift hinweg, das plötzlich mit der Reue aus den Poren kam.

Niemand weiß, wie viele Tage und Nächte so vergangen sind, doch allmählich begannen einige von ihnen wieder zu fühlen und das Band der Freundschaft ließ sie mit starren Gliedern an die verbotene Luke heranrobben. Sie wollten nicht gehen, ohne noch einmal das Gesicht ihrer Gefährten gesehen zu haben. Gemeinsam waren sie an das grausame Hier und Jetzt gebunden, doch ihre Treue war, so nah am Tod, stärker als die Angst vor dem Fluch und so öffnete der Todesnächste mit zittrigen Händen die Luke der Hoffnungslosigkeit und da saßen sie, die verlorenen Gefährten, regungslos, wie Schatten, neben dem Gold. Todesgleich wippten sie in schaukelnden Reihen mit der See, während das Tageslicht fahl auf ihre Wangen fiel.

Doch keinen Tag waren sie gealtert! Das Gold hatte ihre Körper konserviert. Ergeben saßen sie mit geschlossenen Augen im Bauch des Schiffes, schaukelten mit den Wellen und atmeten leise mit der See. Doch tot, nein, tot waren sie nicht, ihr Atem war nur so langsam, dass sich ihre Brust kaum hob. Bestohlen, übermannt, gefroren.

Das ganze Schiff fiel in einen tiefen Schlaf und während sie schliefen, mischte sich der Goldstaub mit dem Salz ihrer Wangen, rieb den Todeshauch von ihnen und spülte ihn in aller Stille ins Meer hinab.

Von nun an konnte man in klaren Nächten, wenn das Meer ruhig war, ganz unten, am schwarzen Grund, einen letzten Schimmer feinsten Goldes sehen. Gold, das sich im Meeresspiegel mit dem Silberschein der Sterne paarte, als wären Meer und Himmel eins.

Als die Männer wieder erwachten, waren ihre Häute geschröpft und ihre Herzen erwärmt. Wortlos streckten sie die Glieder nach den Rudern aus, setzten Segel und Steuer auf Kurs, zurück in Richtung Heimat.

Als sie schließlich Pyros erspähten, legten sie noch einmal an der rauchenden Insel an. Seit Wochen hatten sie kein Festland mehr betreten, ja es kam ihnen vor, als betraten sie überhaupt zum ersten Mal ein Land. Doch Katalýton war nicht mehr am Fuße des Vulkans. Gleich in der Nähe des Strandes fanden die Männer sein karges Haus. Ein wenig Stroh auf seiner Hütte schützte ihn vor dem nächtlichen Regen.

»Guten Tag, mächtiger Mann«, begrüßte Xanathos den Zauberer. »Sag, was hat es mit dem Gold auf sich?«

Katalýton lächelte ihn prüfend an.

»Seid ihr immer noch Händler?«

Ein paar der Männer nickten. Xanathos auch.

»Ja. Wir leben von dem, was wir uns eingehandelt haben, und es ist mehr als wir zum Überleben brauchen. Warum fragst du?«

»Das ist gut«, freute sich Katalýton mit ihnen. »Das Gold auf eurem Schiff ist Wunschgold. Es spiegelt all das, was ihr euch erwartet. Erwartet ihr den Tod, bringt es euch den Tod aufs Schiff. Erwartet ihr eine günstige Brise, bläst es euch den Wind in die Segel. Dieses Gold ist solange ein Fluch, solange ihr einen Fluch befürchtet. Es spiegelt eure tiefsten Gedanken und lässt sie Wirklichkeit werden, so wie alles auf dem Meer Wirklichkeit wird. Es gibt keine größere Kraft, als das Gold der Berge mit auf der Haut des Meeres zu haben. Seine Haut ist eure Haut. Handelt gut mit ihm!«

Die Männer hatten verstanden und zogen noch zur selben Stunde die Segel in Richtung Heimat auf.

## Anamnesis

Mit den Fingern vor den Augen treten wir durch den Schleier des Vergessens. Ein letztes Mal atmen wir den Duft der Ideen ein. Dann ist es still. Die Bilder verschwimmen. Plötzlich wissen wir nichts mehr. Wir vergessen und fügen uns in den ersten Kinderreigen, tanzen mit Elfen und Dämonen und verlassen den Garten der Geburt, ohne uns noch einmal umzudrehen. Wieder einmal sind wir angekommen.

Wir leben, wir lieben, wir lernen. Vor allem, wie die Riesen die Welt sehen. Mit großen Augen folgen wir ihnen in die Gegenwart, lernen ihre Farben, Formen und Gesten und fügen uns in jene Mischung, die uns am meisten Liebe einträgt. Wieder einmal sind wir angekommen, woher auch immer.

In der *Jugend* lernen wir die Schätze der Kindheit zu deuten und belächeln den Aberglauben, den uns die Riesen zu ihrer eigenen Belustigung verkauft haben, während wir heimlich bedauern, dass unsere Eltern doch keine Könige sind. Der Unglaube ist unser neuer Zauber und er entfacht die rebellische Glut bis aufs Fleisch, treibt uns feixend in eine Welt, in der es von nun an keine Götter und Dämonen mehr gibt.

Wir sind unser eigener Herr, glauben wir, und bauen Luftschlösser im Gehen, rot, und fügen uns in Gewohnheiten, die keine sein dürfen. Unbekümmert folgen wir einem alten

Traum und fordern mit erhobenen Fäusten, dass es auf dieser Reise doch nicht darum geht, irgendwo anzukommen, sondern darum, begeistert unterwegs zu sein! Wir schätzen die Künstler mehr als die Pädagogen und wehren uns dagegen, dass das Leben nicht formbar ist.

»Ungläubige!«, rufen wir und zeichnen weiter Schlösser in die Luft, nichts ahnend, dass der Schlüssel dazu hinter jenem alten, zeitdurchfluteten Schleier liegt. Zum Greifen nah.

*Erwachsen* erfahren wir zum ersten Mal, was es heißt, atemlos zu sein. Wehmütig lassen wir den Platz der Künstler zurück und treten mit den alten Helden in den Ring, steuern nach Troja, direkt auf Helena zu. Zum ersten Mal fühlen wir uns wissend. Wir lernen, mit den Stieren zu tanzen und die Wunden zu ertragen. Das Halfter sitzt. Wir ringen um ein gelingendes Leben und atmen immer mehr aus als ein. Wir haben genügend Reserven, denken wir. Es ist Zeit, die Samen auszubringen. Wir dürfen die Fülle nicht einfach so an die Gelassenheit verfüttern. Wir sind rastlos, aber immer noch wissend. Es geht um Helena. Es geht um das Haus.

Und so freunden wir uns in diese Welt, geben Partys und vergessen nebenbei, uns selbst einzuladen. Es pulsiert an uns vorbei. Wir schweben und es fühlt sich gut an, irgendwie. Vertrauen müsste man haben, denken wir, doch wir haben Angst. Zu sehr erinnern wir uns an damals, an die falschen Könige und das erlogene Märchenland. Nein! Darauf fallen wir gewiss nicht mehr rein! Wir wissen es besser. Wir sind klug und schließen entschlossen das Tor, während wir die leeren Kästen von der letzten Party nach unten bringen.

Unser Heim ist gemütlich, beruhigen wir uns, und es pulsiert. Immer noch. Wir fühlen uns lebendig. Das Leben gehört uns. Es wird schon irgendwie ausgehen. So oder so. Was kümmert es uns! Wir registrieren nicht, dass Tote nicht mehr atmen. Wir stellen sie uns schlafend vor, erschöpft, müde. Es betrifft uns nicht. Nur manchmal ist es zu laut. Doch wir sind tapfer und stärken uns an dem Nektar, der aus den Erzählungen der alten Helden tropft. Dickflüssig, ohne Mindesthaltbarkeitsdatum.

›Die haben alles richtig gemacht!‹, denken wir, und schreiben ihre Geschichte fort. Wir sind fleißig, ja, sehr sogar und tapfer.

›Irgendwann ist alles getan‹ – hoffen wir – und trauen uns doch ab und zu auf eine dieser fernöstlichen Inseln, aber nur in Büchern, die wir mit dem Nachlass eines Freundes geerbt haben, der nun doch überraschend gestorben ist. Ein Schock, ihn nicht mehr atmen zu sehen! Ein Riss in unserer Gewohnheit. Ein hässlicher Riss, der eine bedrohlich erdige Patina über unser Lebenskunstwerk zieht!

Ein paar Tage nach der Beerdigung entdecken wir den ersten Rost an unseren Balkonen und hasten eifrig in den Keller, um Farbe zu holen.

Ein wenig eingetrocknet sind sie, die Farben unserer Kindheit, aber sie funktionieren noch und wir beginnen zu streichen, nicht gerade kreativ, aber es beruhigt. Zumindest atmen wir jetzt zeitweise wieder etwas tiefer und der Geruch der Farbe erinnert uns dumpf an einen Traum.

Abends lesen wir den Kindern eine von den Geschichten vor, die sie so lieben, und zum ersten Mal seit langem setzen wir wieder bewusst einen Fuß auf die Schwelle zum alten Märchenland. Wir denken, ›es kann nicht schaden‹, und sind überrascht, wie lebendig doch noch alles ist! Alles ist noch da und die Tiere beginnen mit uns zu sprechen! Wahrlich, etwas in uns muss ver-rückt sein!

Ein paar Tage später stolpern wir zufällig in einen Gottesdienst – auch so eine Märchenwelt – bemerken wir still, und schmuggeln uns in die letzte Bank. Doch die alten Männer dort vorne scheinen etwas zu wissen, was sie uns nur häppchenweise servieren. Wir hören zu, zum ersten Mal, und fühlen uns als Fragment. Der alte Mann auf der Bühne beruhigt uns. Wir müssen nicht immer gut sein. Wir *können* gar nicht immer gut sein! Wir gehen in die Knie und spüren: Tief in seinem Inneren weiß auch er: Am Ende gehen wir alle als Fragmente. Nur der wirklich große Geist hat die Kraft, unser Leben am Ende ganz zu machen.

›Das ist gut‹, denken wir, ›sehr gut‹, und sehen, wie sich der Schleier im offenen Fenster hebt. Jetzt erinnern wir uns wieder.

# Panta Rhei

Kräftig schlagen wir mit den Schwanzflossen den Fluss hinauf, über all die Steine, Zweifel und Widrigkeiten hinweg. Wir können gar nicht anders. Es ist unsere Natur, bis ans Limit zu gehen. Wir sind Wesen des Wassers und das Wasser ist unser Leib. Wir sind Lachsmenschen.

Selbst wenn wir ruhen, streicht die Strömung unaufhaltsam über unsere Schuppen hinweg. Der Fluss ist unser Bruder, er sorgt für uns. Mit ihm sind wir alles, was wir sind, und wir sind es so sehr, dass sich die Frage der Zugehörigkeit nicht stellt. Keiner von uns stellt sie. Wir stellen sie nicht, weil sie uns nicht nährt.

Wir sind hier, um zu rudern, zu schnappen und mit den Flossen zu schlagen. Und: Wir haben gelernt, es einfach durch uns hindurchfließen zu lassen. Es sind die Filter, die uns am Leben halten. Ohne sie würden wir an der Fülle des Lebens ersticken. Die Filter sind unser kostbarstes Gut, sie schützen uns, mehr als es die stärksten Lungen könnten. Keine Haut der Welt ist stark genug, um dem mächtigen Fluss ein Leben lang zu trotzen. Aber wir tun es trotzdem. Wenn die Richtung stimmt, formen sich Kiemen und Bewegung, und die Richtung im Fluss stimmt immer. Wir haben gar keine Wahl. Lachsmenschen wählen nicht. Sie rudern, sie filtern und sie halten Kurs – bis zur Erschöpfung. Doch Lachsmenschen geben nicht auf. Niemals!

Und dann, wenn unsere Kräfte am Anschlag stehen, der Fluss uns in unseren besten Künsten fordert, passiert etwas Eigenartiges. Wir pumpen unsere letzten Reserven in die Schwanzflosse und heben einfach ab, so als wären wir dazu geboren. Wir brechen aus dem Strom, wir fliegen! Getrieben von der Unbändigkeit unserer Natur, schießen wir über unseren eigenen Atem hinaus. Wir werden zu Vögeln, wir werden zu Licht, wir schweben in der Atemlosigkeit, während uns ein heiliger Rhythmus das Wasser von den Schuppen bläst. Für einen Moment ist es still. Der Mond spiegelt sich weich auf unserer Haut. Wir sind eins. Wir sind silbern, wir sind Gold.

Allein dieser Moment – und gäbe es ihn nur ein einziges Mal in unserem Leben – ist es wert, ein Leben lang die Flossen gegen den Strom zu peitschen. Und wir lächeln, während der große Geist unsere feuchten Augen trocknet. Wir sind in Frieden. Alles fließt.

## Am Ende ein Tor

Es war einmal ein Mann, der kam am Ende seiner Lebensreise an ein großes Tor. Höflich bat er um Einlass. Als man ihm nicht gleich öffnete, wartete er noch einen Augenblick. Dann fasste er all seinen Mut zusammen und klopfte beherzt noch einmal.

Ein großer Mann öffnete ihm.

»Guten Tag.«

»Guten Tag«, gab der Mann am Ende seiner Lebensreise freundlich zurück.

Der Mann unter dem großen Torbogen strahlte und in seiner Gegenwart wuchs Zuversicht.

»Zwei Fragen führen durch dieses Tor«, gab der große Mann zu verstehen.

Der Wanderer hatte geahnt, dass der Eintritt nicht ohne etwas zu haben war, so viel hatte ihn das Leben gelehrt.

»Ich bin bereit«, gab er offen zurück.

»Nun gut. Die erste Frage lautet: Warst du ein guter Mensch?«

Der Wanderer war nicht sonderlich erstaunt. Im Grunde seines Herzens wusste er um diese Frage und er war froh, endlich Rechenschaft ablegen zu können.

»Ich glaube schon. Jedenfalls habe ich mein Bestes getan. Ja, ich war ein guter Mensch.«

»Gut«, antwortete der strahlende Mann. »Aber hast Du auch dein eigenes Leben gelebt?«

Der Wanderer blickte überrascht zu Boden. Ein eigenartiger Zweifel umschlich seine Brust. Sicher, dachte er, man kann ein ganzes Leben damit zubringen, niemandem zu schaden und wohl dabei ganz eifrig an sich selbst vorbeileben.

Noch einmal glitt sein Blick den Fluss der Erinnerungen zurück in sein Leben, und er stockte genau an jenen Stellen, an denen sich die Zweifel am tiefsten in sein Lebensbett gegraben hatten. In diesem Moment wusste er, dass diese Narben keinen anderen Sinn hatten, als ihn an seine eigene Gegenwart zu erinnern, und er war endlich bereit, seinem Leben Antwort zu geben.

»Ja«, gab er stolz zurück, und während er den Blick hob, verschwanden all die Narben, und von dem großen Mann am Tor blieb nur sein Strahlen zurück.

# Spirit shares!

Stell dir vor, es gibt einen großen Geist, einen wirklich großen Geist, in dem alles Platz hat, was die Götter der Welt und ihre Schwestern, die Göttinnen der Erde, je gesehen haben, dazu noch alles, was die Welt je sehen wird und selbstverständlich auch das, was sie nie sehen wird. Ganze Universen haben in diesem Geist Platz und doch ist er nur ein stiller Punkt, der sich außerhalb von Raum und Zeit nur durch sich selbst bewegt. Hier, in dir, in mir.

Stell dir vor, dieser große Geist klickt jeden Morgen, und immer wenn ihm danach ist – und ihm ist oft danach – in sein *godbook*. Allein auf der Erde hat er über sieben Milliarden Freunde, dazu einige ältere und jüngere Götter, die er als enge Freunde zählt. Um mit den Tieren und Pflanzen zu kommunizieren, braucht er nur in die Anwendung >natural mindboard< zu gehen. Eine neue, bisher unentdeckte Spezies ist dann seine Art, *Kommentare* zur Welt abzugeben. Ja, im Grunde sind wir alle nur Kommentare einer großen, großartigen Geschichte.

So bleibt der große Geist mit seinem godbook auf dem Laufenden, freut sich mit dem Erfreulichen, scheut sich mit dem Abscheulichen und teilt die Geschehnisse nach der individuellen Erfahrung seiner Freunde auf. Das geht sekundenschnell, denn alle sind ja miteinander vernetzt. Ich denke an jemanden und schon schreibt er mir. Mysteriös? Keineswegs! Der große Geist hat nur einmal wieder in unserer Chronik gelesen, unsere Bedürfnisse überflogen und gleich einmal eine Meldung geteilt.

›Hey, danke!‹, reagieren wir entzückt, während wir unbemerkt die linke Maustaste streicheln. ›Schön, dass du dich meldest. Ich komm gern heut Abend!‹

Aus dieser Perspektive, von weit oben, sehen einzelne Schicksale anders aus und nicht selten milder. Oft sind sie nur Teil einer unglücklichen Konstellation, einer halbherzigen Einladung, einer Veranstaltung, die jemand vergessen hat abzusagen. Dabei vergessen wir viel zu oft, dass das Leben selbst eine Veranstaltung mit unausweichlichem Ausgang ist, während wir heimlich hoffen, dass alle Nutzerinhalte am Ende einfach mit unserem Profil gelöscht werden. Was bleibt, wenn wir unser Konto zurückgeben?

Freude, Schmerz, Glück, Zerrissenheit, Wehmut, Sehnsucht, Ekstase: Sie alle sehen von dort oben gleichermaßen einladend aus. Ja, sind sie denn nicht der lebendige Hinweis dafür, dass »dort unten« gelebt wird? Mal ehrlich: Was haben wir uns denn unter »Leben« vorgestellt? Oder war die Bestätigung der Freundschaftsanfrage nur ein Reflex postnataler Euphorie, dass – wenn nur genug von uns beisammen sind – schon alles gut werden wird!

Seitdem frage ich mich, wie mein Leben wohl von dort oben aussieht! Hat es einen

Sinn? Ich weiß nicht. Aber ich bin ganz sicher vernetzt und das tut irgendwie gut. Sieben Milliarden minus eins Freunde? Nein, ich kann es mir nicht vorstellen! Lieber teile ich meine Erfahrungen mit Menschen, die ich gar nicht persönlich kenne, als dass ich in toleranter Selbstversunkenheit abtauche.

Und so bin ich weiter auf der Suche und suche vergeblich nach der Schaltfläche, die es mir erlaubt, mich mit mir selbst zu befreunden. Sieben Milliarden plus zwei. Das fühlt sich doch schon besser an. Hast du dich heute schon selbst gelikt?

# Selbstfreundschaft, was ist das?

Hedonis war ein junger Mann, der das Leben liebte. Doch seit einigen Tagen trieb ihn eine Frage um und so rief er seine besten Freunde zusammen. Phänoménon, der große Schlanke mit den wachen Augen, Cyan, der beim Denken immer in den Himmel sah, und Philo, der eigentlich Philoménon hieß. Es war ein später Nachmittag mitten im August und die Zweige der Olivenbäume zeichneten ihnen tanzende Schatten ins Gesicht.

»Ihr wisst, ich liebe das Leben«, sprach Hedonis, während er reihum die Gläser seiner Freunde mit Wasser und ein paar Blättern Bergminze füllte. »Und ich liebe es so sehr, dass ich diese Frage nicht länger mit mir herumschleppen möchte. Woran erkenne ich denn, ob ich das Leben wirklich liebe? Ich meine, vielleicht ist es ja nur ein böser Geist, der mir diese Vorstellung eingibt, und im Grunde liebe ich eigentlich nur mich selbst.«

»Was ist schlecht daran?«, hielt Phänoménon ein. »So, oder so. Du hast es gut getroffen. Sieh dir doch andere an! Wie viele von ihnen ziehen jeden Morgen mit derselben Verbitterung hinaus, schleppen dieselben Zweifel zum Markt. Wie viele sorgen sich um ihre Liebsten, ohne Grund! Wahrlich mein Freund, du hast es gut getroffen!

»Mag sein«, gab Hedonis zurück. »Aber nun zweifle ich eben doch.«

Philo blickte Hedonis lächelnd an.

»Selbstliebe. Ein hohes Wort. Sollten wir nicht besser von Selbstfreundschaft sprechen?«

»Das finde ich auch«, meldete sich Cyan in die Runde. »Mit der Liebe ist es wie mit dem Glück. Dieses Wort haben so viele Generationen mit Bedeutungen geschwängert, dass es zum Bersten überladen ist. Wir haben etwas Heiliges, Unerreichbares daraus gemacht, etwas, an dem wir unsere Sinnfrage ausrichten, ohne zu wissen, ob wir es je erreichen, während es anderen einfach zufliegt. Einfach so. Das Glück ist wie das Euter einer Kuh, die wir mit unseren Erwartungen aufgepumpt haben. Und nun reden und schreiben alle davon und reißen die Zitzen wund. Wir zerren an ihnen, als hinge unser Leben davon ab, und hoffen, dass es uns über die mageren Zeiten trägt. Und ebenso ist es mit der Liebe.«

»Meinetwegen«, stimmte Hedonis zu. »Nennen wir es Selbstfreundschaft. Gibt es so etwas wie ›Selbstfreundschaft‹ und wenn ja, woran erkenne ich sie?«

»Ich würde eher fragen, *wann* ist Selbstfreundschaft?«, warf Phänoménon ein. »Mein Gefühl sagt mir, dass es Selbstfreundschaft grundsätzlich gibt. Es stellt sich nur die Frage, ob und wann wir sie wahrnehmen. Gehen wir doch vom Positiven aus!«

»Einverstanden«, sprach Philo und die anderen stimmten nickend zu. »Aber wir können nicht über Selbstfreundschaft sprechen, ohne uns darüber im Klaren zu sein, was wir unter Freundschaft verstehen.«

Ein andächtiges Schweigen unterbrach die Runde. Es war einer jener Momente, an denen Hermes seinen Atem in die Welt bläst, um die Menschen daran zu erinnern, dass das, was sie denken, nicht, selbstverständlich ist. In diesem Augenblick hatte er die vier Freunde für ihren Mut belohnt und jeder von ihnen spürte, dass sie an diesem Tag nicht umsonst zusammengekommen waren.

»Gut«, setzte Cyan ein. »Wann ist also Freundschaft? Wann sprechen wir davon, einen Freund zu haben? Woran erkennen wir, dass jemand ein Freund ist? Ich meine, wir sitzen hier zusammen, wir sind Freunde, aber woran lässt sich das festmachen? Was verbindet uns?«

»Nun, das ist ganz einfach«, gab Hedonis in die Runde. »Freundschaft ist verbunden durch Geben und Nehmen. So wie ich euch Wasser aus meinem Brunnen und meine selbst gesammelte Minze gebe, schenke ich euch auch meine Aufmerksamkeit, ihr seid da, wenn ich euch brauche und ihr wisst, dass es andersherum ebenso ist.«

»Schon«, setzte Philoménon dagegen. »Aber ›Geben und Nehmen‹ – das passt ebenso für die Händler unten am Markt. Das will mir als Kriterium noch nicht reichen. Es ist ein Tausch, der im besten Fall jedem das Gefühl gibt, etwas Notwendiges zu haben oder eben ein Stück reicher geworden zu sein.«

»*Reich* ist ein gutes Stichwort!«, gab Phänoménon hinzu. »Wahrlich, ich fühle mich durch unsere Freundschaft reich beschenkt!«

»Ja, aber wir bekommen sie nicht so einfach geschenkt!«, setzte Cyan entgegen. »Ihr wisst, jeder von uns könnte genau jetzt auch etwas anderes tun und es gäbe vermutlich auch Dinge, die wir eigentlich erledigen müssten. Aber uns ist das hier wichtiger. Freundschaften wollen gepflegt werden.«

»Wir sind hier, weil wir uns immer helfen würden«, stimmte Hedonis zu.

»Das würden Kameraden auch«, hielt Phänoménon entgegen.

»Wo liegt denn der Unterschied zwischen einem Kameraden und einem Freund?«, wollte Cyan wissen.

»Für mein Gefühl«, fuhr Phänoménon fort, »sind Kameraden an ein Projekt gebunden. Sieh doch, wie wir im Alltag darüber sprechen! Es gibt Schulkameraden, Sportskameraden, Spielkameraden, Kriegskameraden, Bergkameraden und so weiter. Es ist immer ein bestimmtes Ziel, ein bestimmtes Projekt, das sie verbindet. Im Spiel, sich die Zeit zu vertreiben, auf dem Sportplatz ein Turnier und im Krieg, eine Schlacht zu gewinnen. In der Schule, auf dem Feld, in den Bergen ... immer gibt es etwas, das es zu bezwingen, zu bekämpfen, zu erobern gibt, etwas, das sich nur gemeinsam erringen lässt. Und diese Tatsache schweißt die Männer zusammen. Kameradschaft riecht anders als Freundschaft. Sie riecht nach Anstrengung, nach

Gefahr. Schweiß und Erde sind das Nähgarn einer Kameradschaft. Wir hingegen sind sauber, wir schwitzen nur, weil wir soeben noch einer anderen Beschäftigung nachgegangen sind oder die Sonne uns gerade den Nacken brät.«

»Aber uns verbindet auch ein Ziel!« hielt Cyan dagegen.

»Das stimmt«, gab Phänoménon lächelnd zurück. »Aber ich glaube, man kann einen Kameraden haben, mit dem man gerne in die Berge zieht, eben weil man genau diesem Menschen in den Bergen vertraut. Man vertraut seiner Kraft, seinen Sinnen, seiner Gelassenheit. Und trotzdem kann ich mir vorstellen, dass man diesen Menschen nicht unbedingt auch als Freund in seinem Leben haben muss. Das Leben mit den Frauen, den Kindern ... der Alltag ist eben ein ganz anderer Berg. Da führen Pfade hinauf, auf denen sich mein Kamerad vielleicht nicht so gut auskennt und auf denen ich ihm nicht vertraue.«

»Dann ist ›Vertrauen‹ wohl genau das richtige Kriterium für uns!«, gab Philo hinzu. »Ich finde Freundschaft hat etwas mit Vertrauen zu tun. Ja noch mehr: Freunden schenken wir einen Vertrauens*vorschuss*. Es gibt einen Spielraum, den sie nutzen dürfen, einen Luftraum, in dem ihre Antwort auf das Vertrauen frei schweben darf.«

»Mir ist die Sache mit dem Geruch noch nicht ganz klar«, holte Hedonis das Gedachte wieder. »Ich meine, das mit dem Schweiß und der Erde und so. Soll das heißen, dass sich Freundschaft immer nur über Schöngeistiges verbindet?«

»Natürlich nicht«, rollte Phänoménon den Faden noch einmal zurück. »Ich wollte damit sagen, dass ein Kamerad eben nicht *unbedingt* ein Freund sein muss. Kameraden verbindet ein ganz bestimmtes Ritual, ein Eid, die mehr oder weniger ausgesprochene Verpflichtung, sich immer zu helfen, ins Existentielle zu gehen, sein Leben für den anderen zu riskieren und so weiter. Das Notwendige schweißt Kameraden zusammen, eben weil sie gemeinsam und nur gemeinsam eine *Not* abwenden können. Freundschaft hingegen ist etwas Freiwilliges.«

»Genau!«, stimmte Cyan zu. »Mehr noch: Eine Freundschaft, die nur aus der Not heraus erhalten wird, ist keine. Wie kann ich jemandem vertrauen, der nur mein Freund ist, weil er mich braucht?«

»Und vielleicht zeigt sich genau darin wahre Freundschaft«, fügte Philo hinzu, »dass ich eben einen guten Freund gerade *nicht* um einen Gefallen bitte, der mir zwar das Leben erleichtern, ihn aber womöglich belasten würde. Stellen wir uns nur vor, wir wären in einer misslichen Lage und unser Freund könnte uns durch etwas Ungesetzliches, zum Beispiel eine Falschaussage oder eine Handlung retten, die ihn selbst in ethische Zerrissenheit wirft. Würden wir das von einem Freund verlangen? Niemals, sage ich euch! Lieber würde ich selbst leiden und zu

Grunde gehen, als dass ich das Leben eines Freundes belasten würde. Freundschaft hat dort ihre Grenze, wo das Leid des einen nur durch das des anderen ersetzt wird.«

»Das heißt, du würdest nicht zu mir kommen, wenn du in einer ausweglosen Lage wärst?«, wandte sich Cyan zu Philo.

»Möglich«, gab Philo zurück. »Jedenfalls würde ich nicht etwas von dir *fordern*. Wir haben vorhin gesagt, Freundschaft hat etwas mit Geben und Nehmen zu tun. ›Fordern‹ gehört, nach meinem Verständnis, nicht dazu. Immerhin ist der Weg von der Forderung zur Überforderung nicht weit. Ich kann einem Freund etwas anbieten und andersherum, aber ich werde es nicht im Rückgriff auf die Freundschaft einfordern. Ich freue mich über das, was in einer Freundschaft zu Tage kommt, die Freundschaft selbst ist ein Geschenk, das weit trägt.«

»Also ich würde schon einem Freund helfen wollen«, gab Hedonis in die Runde. »Wenn wir gemeinsam ein Leid abwenden können, warum sollte man das unter Freunden nicht tun?«

»Da hast du Recht«, setzte Phänoménon nach. »Ich glaube auch, Freundschaft ist dazu da, sich vieles, wenn auch nicht alles, sagen zu können. Und im besten Fall hat man ja nicht nur *einen* Freund, so dass in der einen Freundschaft das eine und in einer anderen das andere zur Sache kommen kann. Vielleicht gibt es Freundschaft auch gerade deswegen, weil man sich im Leben gegenseitig braucht. Und wenn man, wie Hedonis, das Leben liebt, braucht man eben Freunde, die dieses Leben gerne mit einem teilen.«

»Stimmt«, untermauerte Hedonis mit einem Lächeln. »Das klingt romantisch. Aber was, wenn unser Bedürfnis nach Freundschaft eher unseren Reflexen entspringt als unserem freien Willen. Wer sagt uns denn, dass wir uns nicht gerade zu einem Menschen freundschaftlich hingezogen fühlen, weil wir in seiner Gegenwart Sicherheit spüren? Das, was früher die Höhle war, ist vielleicht heute die Freundschaft. Ein Schutzwall gegen das Leben, das dort draußen mit all seinen Gefahren auf uns einprasselt, ein Rederaum, in dem man sprechen kann ohne, dass es ein Dritter hört und ein Raum, in dem man auch mal gemeinsam schweigen kann ohne sich dabei einsam zu fühlen. Vielleicht ist das Bedürfnis nach Freundschaft körperlicher, existentieller verankert, als wir glauben!«

»Mag sein«, gab Cyan zurück. »Aber ich erkenne nichts Schlechtes daran, sich in der Gegenwart eines Freundes stark, beschützt, aufgehoben zu fühlen. Ebenso kenne ich das Gegenteil. In einer wahren Freundschaft kann ich mich auch einmal schwach fühlen und eben nicht, weil ich mich unterlegen fühle, sondern weil mir die Freundschaft einen Raum gibt, um mich ehrlich erleben zu können. Hier kann ich Triebe und Tränen spüren, die sonst nur schwer im Alltag Platz haben. Ebenso die ungebremste Freude.«

Die anderen nickten einstimmig und Hedonis nutzte die Gelegenheit, um noch einen weiteren Krug von dem kühlen Wasser aus dem Haus zu holen.

»Jedenfalls muss ich einen Freund gut kennen«, setzte Philo in die stolze Runde, während er Cyan mit einem sanften Schulterstreich aus seinen Gedanken zurück in die Gegenwart holte. Dann wandte er sich wieder Hedonis zu.

»Und du verstehst es wahrlich, die Wünsche deiner Freunde zu lesen«. Und er nahm sich gleich ein saftiges Stück von dem Käse, den Hedonis mit dem Wasser und den Feigen aus dem Haus gebracht hatte.

»Wohl«, gab Hedonis zurück. »Aber was ist denn nun mit meinen eigenen Wünschen? Wie gut können wir unsere eigenen Wünsche lesen? Und wo beginnt die Selbstfreundschaft?«

»Keine leichte Frage«, setzte Cyan dagegen, dessen Hand nun auch den Weg zu den Feigen gefunden hatte. »Wenn Selbstfreundschaft wirklich etwas mit Freundschaft zu tun hat, dann müssten sich auch unsere Kriterien für Freundschaft daran beweisen. Was ist denn zum Beispiel mit der Vorstellung, dass ›Geben und Nehmen‹, wenn auch kein hinreichendes, so aber doch vielleicht ein notwendiges Kriterium für Freundschaft ist. Oder nennen wir es Austausch, Gegenseitigkeit. Meinetwegen auch Resonanz. Kann ich mir denn selbst etwas geben oder nehmen, mit mir selbst einen Handel eingehen?«

»Aber sicher!«, nahm Phänoménon die Herausforderung an. »Du kannst dir selbst Aufmerksamkeit schenken, dir beim Denken zusehen und dir Zeit nehmen, etwas zu betrachten. Es gibt vieles, das wir uns selbst schenken können. Wir müssen uns nur dafür einrichten. Ich finde schon, dass Selbstfreundschaft nur dort zu finden ist, wo jemand gelernt hat, etwas von sich selbst anzunehmen. Ich finde auch nichts Hässliches daran, sich selbst ein Kompliment zu machen, insofern es einem Mut macht, einen guten Weg weiterzugehen. Das spricht doch nur für das Bewusstsein der Eigenverantwortung.«

»Klar«, bekräftigte Hedonis, »wir sind keine Asketen. Wir lassen es uns ordentlich schmecken, und die Welt dort draußen ist voller schöner Momente, die man sich schenken kann, wenn man ihnen nur die Gelegenheit gibt, in einen hineinzuströmen, oder noch besser: durch einen hindurchzuströmen, so dass sie weiter in der Welt wirken können. Aber was ist mit dem ›Nehmen‹? Können wir uns selbst etwas nehmen?«

»Also ich kenne das schon«, gestand Cyan. »Wie oft habe ich mir schon etwas von meiner Selbstfreundschaft genommen, indem ich mich für etwas verurteilt habe, meine Gedanken, meine Wünsche, meine Triebe bewertet habe und meine Kräfte dadurch an Scham oder Schuld gebunden habe, obwohl einer von euch nur lächelnd abgewinkt hätte. Offensichtlich ist die Bewertung des eigenen Handelns ein strenger Prozess. Es nimmt mir Zeit und Energie, die ich für etwas anderes sinnvoller hätte verwenden können.«

»Nur, ganz ohne Bewertung wird es nicht gehen«, gab Philo zu bedenken. »Wir wären keine Menschen, würden wir unser Handeln nicht hinterfragen. Aber du hast Recht. Es sollte nicht die Energien kosten, die wir sinnvoller ins Leben bringen könnten. Das heißt aber auch, dass der gemäßigte Umgang mit ›Sich-selbst-etwas-geben-oder-nehmen‹ Teil der Selbstfreundschaft ist. Wie freundlich gehe ich mit meinen Kräften um? Raube ich sie mir durch Selbstmitleid oder haltlose Vorwürfe? Oder kann ich meine Aufmerksamkeit so lenken, dass sie mich verantwortungsvoll und gleichzeitig kreativ bleiben lässt?«

»Für mich stellt sich die Frage, ob sich Selbstfreundschaft vor einem Gericht erstreiten ließe!«, fuhr Cyan, nun ganz bei der Sache, dazwischen.

»Wohl eher nicht«, gab Philoménon zu verstehen. »Wer Selbstfreundschaft schon vor Gericht tragen muss, hat wohl noch ein ganzes Stück Weg dorthin. Immerhin lässt er die Bewertung darüber anderen. Und am Ende übernimmt er noch seine eigene Verteidigung und ringt um Argumente, warum er bisher keine Zeit hatte, sie zu pflegen. Das wäre ja noch schöner!«

»Ob wir nun Selbstfreundschaft vor Gericht tragen oder nicht:«, entgegnete Cyan,

»Ich glaube, dass wir wesentlich mehr von uns selbst fordern, als wir von unseren besten Freunden fordern würden. Meiner Erfahrung nach bleibt die Sache nicht bei ›Geben und Nehmen‹ stehen. Wir geben uns nicht einfach etwas, wir verlangen es von uns! Wir fordern es ein! Wir erwarten es ganz einfach, auch wenn es nicht einfach ist. Und mit diesem Prozess muss ich nicht einmal in ein äußeres Gericht ziehen, er läuft ganz von selbst, fast automatisch in uns ab.«

»Ja, aber gerade deswegen ist es so wichtig, uns selbst zu kennen!«, hielt Phänoménon dagegen. Wir hatten vorhin den Gedanken, dass wir jemanden kennen müssen, um mit ihm befreundet zu sein. Oder anders gesagt: Es ist schwer vorstellbar, jemanden als Freund zu bezeichnen, den man kaum kennt. Wenn du nun weißt, dass du mehr von dir forderst, als du von deinen besten Freunden fordern würdest, ist das schon ein gutes Stück Selbstkenntnis.«

»Stimmt«, setzte Hedonis nach. »Wer mit sich selbst befreundet sein will, muss nicht nur seine Leidenschaften, sondern auch seine Stauwehre kennen. Er muss seine Schwächen und seine Stärken im Blick haben und wissen, dass dort immer noch nach oben und nach unten Luft ist. Und wo kann man das besser üben als in einem Gespräch mit guten Freunden?«

Die anderen nickten ihrem Gastgeber lächelnd zu, und plötzlich wich die Konzentration einem lauten Lachen. Hermes hatte sich mit in die Runde geschlichen und sorgte für eine heitere Stimmung. Auch wenn das Zupfen seiner göttlichen Laute für menschliche Ohren nicht zu hören war: Die Männer spürten, das etwas Besonderes in ihrer Nähe war.

»Freundschaft heißt eben auch, gesellig zu sein!«, freute sich Hedonis offen über die herzliche Klugheit seiner Gefährten, die er alle seine Freunde nennen durfte.

»So ist es!«, stimmten Philo und Cyan ein.

»Auch das ist ein Beweis unseres Vertrauens«, setzte Philo nach. »Und ganz sicher gibt es das auch in der Selbstfreundschaft. Wer mit sich selbst befreundet ist, traut sich etwas zu, er vertraut darauf, dass er sich kennt, und das, was er noch nicht kennt, kennenlernen kann. Er weiß, wo er gerade in seiner Entwicklung steht, kennt seine Schwächen, seine Vorlieben, seine Sehnsüchte und seine Freunde. So einen Mann nenne ich freundlich.«

Und diesmal hatten seine Freunde nichts hinzuzufügen.

## Highway to Ataraxia

Kompromisslos brannte die Sonne auf den hellgrauen Asphalt der Rollbahn, als Joe V. Watkins mit seinem Gitarrenkoffer die ausgefahrenen Stufen vom Flugzeug herunterstieg. Das Gelände mit den privaten Hangars war überschaubar und Pam nun doch ein wenig nervös. Ihr Volontariat lief gerade mal drei Wochen und heute hatte sie ihren ersten großen Auftrag. Sie sollte Joe und seine Gitarre pünktlich von der eigens für ihn geordnerten Maschine abholen und beide möglichst stressfrei in Richtung ihres klimatisierten Appartements bringen. Sie war dafür verantwortlich. Vielmehr noch: Sie *fühlte* sich dafür verantwortlich, so wie es der Rest des Labels tat! Sie hatten lange darauf gewartet, Joe V. Watkins, Vishra M. Brahni und Ben Wellheim für eine gemeinsame Platte zusammenzubringen.

»Sie muss erdig sein, dynamisch und gleichzeitig so leicht, dass wir sie an den Plattenregalen festbinden müssen«, scherzte ihr Chef nun schon seit Tagen stolz den Gang vor seinem mit Vinyl übersäten Büro entlang. »Ehrlich und wahrhaftig, nur zwei Mikros, und wir nehmen auf Band auf. Wir wollen hören, wie der Mississippi über den Rhein in den Ganges fließt! Ach, was sag ich! Wir wollen es *spüren*!«

Für Adrian, Pams Chef, stand das Motto des Albums längst fest. Soulshell Records wollte die heimische Plattenindustrie neu beleben und sich ganz nebenbei ein wenig von dieser Belebung ernähren. Nun lag es an Pam, die Musiker in der richtigen Stimmung an ihren Session-Platz zu bringen – die Kirche von Blue Caterina. Das Ritual hatte begonnen.

»Willkommen, Joe«, begrüßte sie ihren Gast mit einem ehrlichen Lächeln. Ihre Wangen glühten und ihr Herz schlug mit einem Mal in einem unbekannten Takt.

»Sag auf keinen Fall ›Mister Watkins‹ oder irgend so einen bürgerlichen Quark!«, hatte ihr Chef sie noch gewarnt, als sie behutsam den elegantesten Wagen auf dem Parkplatz von Soulshell Records in Bewegung brachte. »Auf keinen Fall ›Mister‹!«, hörte sie ihn noch im Rückspiegel rufen. »Joe ist in Ordnung! Er ist ein Musiker, ein Virtuose, zeig ihm, dass wir ihn lieben!«

Doch nun war ihr Chef eine gute Stunde von hier entfernt und vermutlich scheuerte er gerade mit seinen Stiefeletten den roten Teppich unter seinem Schreibtisch wund. Jetzt lag alles an ihr und Joe lächelte, als wäre er gerade aus einer für ihn viel zu großen Badewanne gestiegen. Und das nach einem Vierzehn-Stunden-Flug!

›Dieser Mann kommt von einer Europatournee und lächelt!‹, kommentierte sie still ihre Verwunderung.

Genf, Paris, Madrid, Wien, Graz, Salzburg, Mannheim, Oslo, Riga, Amsterdam. Pam hatte sich alle Stationen eingeprägt. Es war ihr Job und doch war sie stolz, noch alles zu wissen. Sie wollte ihn fragen, wie es gelaufen ist und in diesem Moment gab es nichts, was sie lieber getan hätte. Doch erst einmal musste das Gepäck ins Auto. Zwei braunfarbene Koffer im Flightcase-Stil, zwei Jacken, die er hier nicht brauchen würde, und seine Gitarre.

»Das ist *meine* Pam«, scherzte Joe mit einem klangvollen Lachen über das Autodach hinweg, während er seinen bauchigen Koffer lässig auf die Rücksitzbank schwang.

Von nun an wippte ›seine Pam‹ stumm mit jeder Bodenwelle mit. Das schwammige Schaukeln drückte sie noch tiefer in die viel zu überhitzte Sitzbank, bis sie endlich den Highway in Richtung Blue Caterina unter den Rädern hatten. Pam konnte alles im Rückspiegel sehen. Es war ihr Job, alles im Blick zu haben.

»Wie war die Tour?«, fragte sie mit einem breiten Lächeln, als gäbe es keine andere Frage auf dieser Welt.

»Great. Phantastic. Wir haben so vieles und so viel Verschiedenes gesehen. Ich denke, es war genau der richtige Auftakt. Nein, besser hätte es nicht laufen können. Ist Ben denn schon hier?«

»Er kommt mit der Maschine um siebzehn Uhr«, gab Pam erfahren zurück. Sie war ein wenig erschrocken über den mütterlichen Ton in ihrer Stimme. Pam sollte auf alles achtgeben. Selbstverständlich, dass sie sich dabei auch selbst beobachtete. Sie war Teil der Sache und bis jetzt lief alles gut. ›*Mütterlich* hin oder her‹, dachte sie, ›Hauptsache, Joe fühlt sich wohl.‹

»Er kommt mit der Air France«, setzte sie gewissenhaft nach. »Auf die ist Verlass. Zum Dinner sind alle da.«

Joe nickte zufrieden, während er weiter entspannt zum Fenster hinaussah.

»Wie war Genf?«, holte ihn Pam sanft in die Gegenwart zurück.

»Oh, Genf war okay. Die erste Station ist immer okay«, antwortete er Pam mit einem Lächeln, mit dem er sie zum ersten Mal direkt ansah.

Sie lächelte mit einem leichten Zwinkern zurück. Ihre Wangen glühten nicht mehr ganz so stark und da sie merkte, wie gern er dort draußen in der Landschaft surfte, ersparte sie ihm die Frage nach den anderen Städten. Er sah zufrieden aus und wenn er es war, war sie es auch, und so zogen sie die sechs Ventile immer entspannter, Kilometer für Kilometer, über den heißen Teer hinweg.

»Darf ich dich was fragen, Joe?«, setzte Pam nach einer gefühlten halben Stunde nach.

Joe nickte offen, während sein Blick noch immer an den braun-sandigen Hügelbändern hing.

»Wie schaffst du es, so gelassen zu sein? Ich meine: Du hast einen Vierzehn-Stunden-Flug hinter dir, Paris, Madrid, Wien, Graz, Salzburg, Mannheim, Oslo, Riga, Amsterdam. Und jetzt hier, das nächste Projekt …«.

Pam war stolz auf sich. Jetzt hatte sie ihre Städte doch noch untergebracht!

Aber Joe fand gar nichts Besonderes daran. Er blickte nicht einmal nach seinem Gitarren-Case, das sich immer noch bei jeder Bodenwelle mit dem Leder der Rücksitzbank neckte, und er hatte keine Antwort auf ihre Frage, zumindest schien er sich darüber gerade keine Gedanken zu machen.

So war das Scheuern des bauchigen Koffers eine ganze Zeit lang das einzige Geräusch, das sie auf ihrem Weg nach Blue Caterina begleitete, und es war nicht gerade rhythmisch. Vielleicht konnte sie es auch deswegen nicht überhören. Zumindest empfand *sie* es nicht als Rhythmus. Sicher war es für Joe anders! Vermutlich hatte er schon wieder einen neuen Song im Kopf, eine neue Line, ein neues Lick. Für ihn war bestimmt alles Klang. Rhythmus und Klang! Natürlich hatte sie all seine Alben gehört! Sie hatte sogar eine CD von ihm im Player, aber sie wollte ihn nicht mit alten Projekten nerven. Muse wollte sie sein. Ja, Muse! Und wenn es nur ihr lächelndes Schweigen war!

»Kennst du so etwas wie Heimat?«, fasste sie nach einer weiteren gefühlten Viertelstunde nach.

Die sandig-braunen Hügelbänder zogen draußen noch immer schaukelnd an ihnen vorbei.

»Klar kenne ich Heimat. Heimat ist dort, wo Pam ist«, lächelte er ihr neckisch zu, während er zwinkernd einen Blick über die Schulter auf die wippende Rückbank warf.

»Ja, klar«, gab Mutter Pam zurück, die sich nun doch ein wenig bemühte, Sex in ihre Stimme zu atmen. »Aber im Ernst. Was ist für dich Heimat?«

»Nun, Heimat ist dort, wo man gekannt wird, oder?«

»Ich weiß nicht. Ich kenne nicht so viele Leute wie du. Aber, ja, wenn ich in Blue Caterina über die Straßen gehe, fühle ich mich heimisch. Unser Büro, das Studio, meine Freunde, unsere Gäste. All das ist meine Heimat.«

»Dann bin ich jetzt ein Teil davon«, scherzte Joe lächelnd zurück. Er war noch immer die Ruhe selbst und das bei gefühlt fünfzig Grad im Wagen. Dann saugten ihn die Hügelbänder durch den immer breiter werdenden Fensterspalt in ihre Arme zurück. Er war dort und gleichzeitig hier.

»Diese Landschaft ...«, sprach er bedacht. Wie sieht denn unser Zeitplan aus? Haben wir Luft für einen Abstecher?«

Pam bemühte sich, sich nicht anmerken zu lassen, dass sie erst kurz darüber nachdenken musste, doch eine etwas größere Bodenwelle half ihr stillschweigend über die Lücke hinweg. Sie hatte eine halbe Sekunde dazu gewonnen, das reichte. »Klar, haben wir«, sagte sie entschlossen und setzte lächelnd den Blinker.

»Fine«, gab Joe zurück. Und es war ein ›fine‹, das keinen überheblichen Unterton missbrauchte, wie sie ihn schon so oft von anderen Künstlern gehört hatte. Joes ›fine‹ hatte Herz und sie freute sich mit ihm. Joe war angekommen und sie tat es jeden Kilometer mehr. Ja, sie fing an, die Fahrt richtig zu genießen.

Joe war ein großer Mann und er wurde noch größer, als Pam in den staubigen Abzweig in Richtung nirgendwo bog. Begeistert kam seine Brust aus dem weichen Sitz nach vorn. Sie waren dem Gesang auf den Fersen.

»Ist *das* hier für dich Heimat?«, deutete Pam mit ihren feingliedrigen Fingern in Richtung Joes geöffnetem Fenster. »Ich meine, so sieht es hier überall aus.«

»Ich weiß«, gab Joe zurück. Ich war vor ein paar Jahren schon einmal hier.

»Ich weiß«, reihte sich Pam in das Singspiel ein. Neunzehnhundertneunundneunzig mit Frank Richards. Das Soul-Bridge-Al-bum.«

Joe nickte und Pam brauchte gar nicht erst nach der CD im Handschuhfach zu fassen. Sie hatte längst bewiesen, dass sie einen guten Job machte, und Joe schwebte in seinen Gedanken noch immer irgendwo da draußen.

»Lass uns ein paar Meter gehen«, lud er sie ein. »Ein bisschen spüre ich doch den Flug in meinen Knochen.« Und schon standen seine Füße auf dem sandigen Boden. »Little Pam kann hier warten«, scherzte er über die Schulter hinweg.

Pam lächelte offen in sich hinein, während sich eine leichte Brise in ihrer Bluse fing. Der Flirt gefiel ihr. Ja, es gefiel ihr, mit Joe ein paar Minuten abseits des Highways der Wildnis zu lauschen.

›Perfekt‹, dachte sie. ›Adrian wäre stolz auf mich. Chefs mögen es, wenn Frauen Bedürfnisse lesen, noch bevor sie die Marketingabteilung ausgespuckt hat.‹

Doch das alles war in diesem Moment ganz weit weg. Es war, als hätte Joe mit seiner Präsenz eine feine Gaze über sie beide gespannt und sie darin eingehüllt.

»Bist du glücklich?«, sprudelte es mit einem Mal aus ihr heraus und sie hätte sich fast noch auf die Lippen gebissen. ›Wo in aller Welt kam *das* denn her?‹, rügte sie ihre sprunghafte Zunge in Gedanken. Das Rot auf ihren Wangen war wieder sichtbar zurückgekehrt.

»Ja, bin ich. Wieso, hat Adrian etwas anderes gesagt?«

»Nein. Natürlich nicht. Ich meine, woher sollte er wissen, ob …«

Joe lächelte. »Keine Sorge. Alles in Ordnung. Wenn ich wo sein kann, wo es um mich herum singt, bin ich glücklich. Weißt du, die ganze Erde singt. Ständig ist alles im Singen. Doch wir, wir sind so damit beschäftigt, von einem Ort zum anderen zu hasten, dass wir es verlernt haben, die Stille zu hören. Ich meine, hier ist es auch nicht richtig still, aber stell dir Musik ohne Pausen vor. Wie furchtbar wäre das! Nicht anzuhören, oder?«

Pam stimmte ihm nickend zu, während sie versuchte, die ›Staubige Stille von Nirgendwo‹ aufzuspüren. ›Das wäre ein toller Titel!‹, dachte sie, doch sie wollte sich vor Joe nicht blamieren. Und das Rot auf ihren Wangen wich allmählich wieder seidigeren Tönen.

»Du hast vorhin gesagt, Heimat ist dort, wo man dich kennt. Hier draußen ist aber niemand, der dich kennt. Und doch siehst du aus, als wärst du hier zuhause.«

»*Du* kennst mich doch. Oder etwa nicht? Ich bin nicht allein. Und mit diesem Gefühl bist du nie allein. Verstehst du, was ich meine? Wenn du das Gefühl hast, nie allein zu sein, dann bist du es auch nicht. So einfach ist das. Abgesehen davon ist allein sein etwas Schönes. Ich komme nur viel zu selten dazu.«

Pam starrte andächtig in die Ferne, während Joe weiter in die Landschaft sprach.

»Weißt du, mein Spiel hat sich verändert. Früher habe ich Soli mit acht Minuten und mehr gespielt. Heute weiß ich, dass das ganze Leben ein Solo ist. Du kannst es nur alleine leben! Niemand anders da draußen wird es für dich leben! Seit ich das begriffen habe, spiele ich keine Soli mehr, ich lebe nur noch. Und wenn mir danach ist, setzte ich auf der Bühne einfach ein paar gut gefühlte Töne in die Welt. Meine Konzerte sind die Pausen, nicht andersherum. Meine Konzerte sind die Pausen, in denen ich genug Raum und Energie habe, um Akzente zu setzen, ganz einfach, weil sie nicht sein müssen. Niemand braucht ein Konzert, außer die Tour-Manager selbstverständlich.«

»Und die Jungs hinter dem Merchandising-Stand«, setzte Pam findig nach.

»Ja, und die Techniker, die Trucker, die Roadies ... Für sie alle ist es daily business. Doch wenn das Konzert erst einmal begonnen hat, fährt ein seltsam entspannender Schauer durch unsere Glieder. Durch die der Roadies, weil sie ihre Muskeln und Finger ein paar Stunden schonen können, und durch mich, weil ich mit meinen zehn Fingern das tun kann, was ihnen einen Sinn gibt. Und das versuche ich einfach so gut wie möglich zu machen. Weißt du, viele der Jungs, die mit auf Tour sind, spielen phantastisch Gitarre. Warum stehen sie nicht da oben? Ich weiß es nicht. Ich weiß nur, dass ich in diesem Moment *jetzt* lebe und dass es keinen anderen Ort gibt, an dem ich mich heimischer fühlen könnte.

In diesem Moment kann mich nichts erschüttern. Ich brauche nur die Gelegenheit, in der Zeit zu surfen. Der Rest kommt von allein. Es singt in uns und ein paar von uns waren einfach kindlich genug, dieser Spielerei nachzugehen. Was sind wir Musiker denn anderes als Liebhaber einer erotischen Spielerei? Es ist der Sex, der zwischen den Saiten schwingt, eben das, was alles in dir in Schwingung bringt, und was du in diesem Moment bereit bist zu geben. Und wenn du keine Angst davor hast, egal, was da aus dir herauskommen mag, dann bist du zuhause. Zuhause sollte man keine Angst haben, oder?«

Pam zögerte ein wenig. Sie hing mit ihren Gedanken zu sehr in ihrer eigenen Heimat. Doch Joes Warten half ihr in die Gegenwart zurück.

»Nein, zuhause sollte man keine Angst haben«, war ihre Antwort. »Zuhause ist immer jetzt, egal, wo du bist. Entweder du bist zuhause oder du bist es nicht.«

Joe lächelte in die staubige Wildnis hinein und Pam hätte am liebsten alles dort draußen umarmt. Mittags, halb zwei, irgendwo am Rande des Highway to Ataraxia.

## Flussendlich

Wie weit können Wurzeln sich verbiegen,
Um dich zu halten,
Dich zu erden,
Dich in die Spur zu biegen?

Wie weit können Knochen wieder wachsen,
Um die Sehnsucht dir zu stillen?

Meine Lungen viel zu trocken,
Um alte Wege neu zu gehen.
Ein Kreis, der mich umspült.
Nur die Wehmut steht nicht still.

Tausend hehre Schritte
Nähren sich an einem Mut,
Der nur eins besonders kann:
Nämlich brennen weh wie Glut.

Sag,
Wie viele Schleifen werde ich noch drehn,
Wie viele Täler noch durchwinden,
Bis sich Leben in mich spült?

Flussendlich
Bin ich doch ein Kreis,
Erschöpft von dieser Fülle,
Die so vieles um mich weiß.
Ja, am Ende – ganz am Anfang
Bin ich doch derselbe Kreis.

Roman, Paperback, 260 Seiten, 14,95 €
Erhältlich über den Buchhandel
und alle großen Online-Händler
ISBN 978-3-7412-6205-0
Auch als E-Book erhältlich! 8,99 €

Zum Buch

*Völlig unerwartet wird der junge Hirte Astacho in das Schicksal scheinbar vergangener Zeiten entführt. Die überraschende Hochzeit seines Königs lässt ihn eine Liebe erfahren, die ihn über Leere und Einsamkeit bis in die Fremde treibt. Doch er findet Mut und einen Weg zurück.*

Leserstimmen

*»Es war eine Melodie! Das Meer, die Bäume, das Pferd und die Liebe! Nicht nur für die Ohren, sondern Musik für alle Sinne! Der einzige Nachteil: Es ist etwas kurz! Gerne hätte ich noch weiter gelesen ...« Susanne B., Zürich*

*»Es war faszinierend, den Bildern verschiedener Welten nachzugehen und damit selbst auf den Weg mitgenommen zu werden. Eine Mischung von Magie, Mythologie und fantasievollen Bildern der Liebe und Sehnsucht.« Gerd F., Innsbruck*

*»Astacho adelt die Dinge, die uns auf unserem Lebensweg ständig begleiten; die Bäume, die Gräser, die Natur insgesamt.«*
*Heinrich Mühlhofer, Steinhöring*

Weitere Leserstimmen via www.elarena.de

Roman, Ersterscheinung 2017
Paperback, 188 Seiten, 9,90€
Erhältlich über den Buchhandel
und alle großen Online-Händler,
ISBN 978-3-7431-9036-8
Auch als E-Book erhältlich! 7,99€

## Zum Buch

*Raffaella ist neunzehn, lebt seit ihrer Geburt auf der Insel Elba und steht kurz vor ihrem Studium in Florenz. Als ihr der Zufall ein Bündel poetischer Briefe in die Hände spielt, taucht sie in einen Zauber ein, der sie auf eine ganz eigene Reise durch ihre Heimat und am Ende in den zarten Anfang einer neuen Liebe führt.*

*Oleandermond über Elba ist Florian W. Hubers zweiter Roman und weiß ebenso fein vom Erbe längst vergangener Zeiten zu erzählen wie von der Romantik mediterraner Gegenwart.*

# Über den Autor

Foto: www.woifiart.de

Florian W. Huber ist Magister der Philosophie und Doktor der Psychologie. Er lebt und arbeitet als freier Philosoph, Therapeut und Songwriter im Chiemgau.

Leserstimmen zum Buch gerne per Post oder E-Mail.

Autorenkontakt:
Dr. phil. Florian Huber
Langbürgnerseestr. 24
D-83093 Bad Endorf
E-Mail: info@elarena.de
www.elarena.de

ataraxia
[Seelenruhe]